SPRING FLOWERS
COLORING BOOK

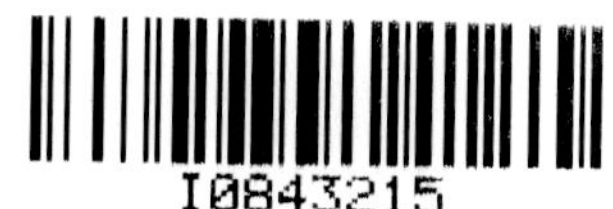

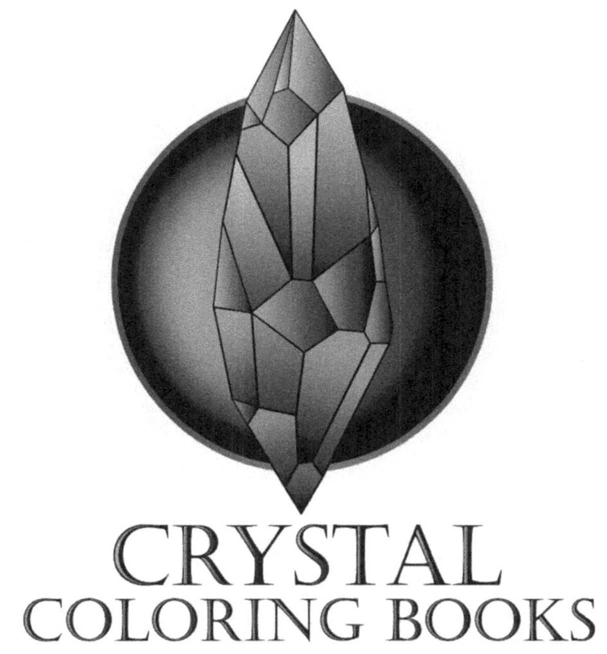

Copyright © 2017 Crystal Coloring Books
All rights reserved.

ISBN-13: 978-1717063557
ISBN-10: 1717063551

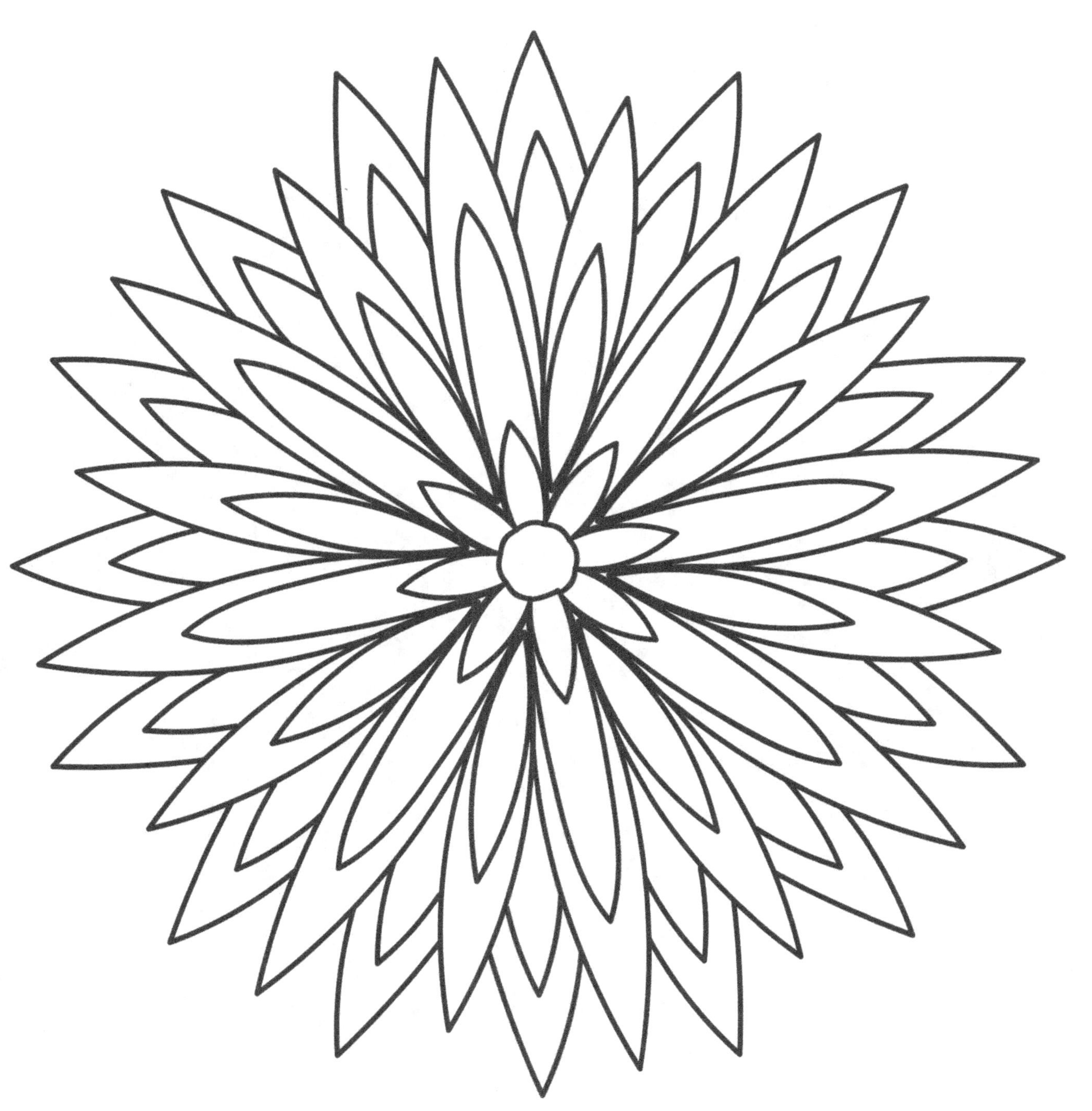

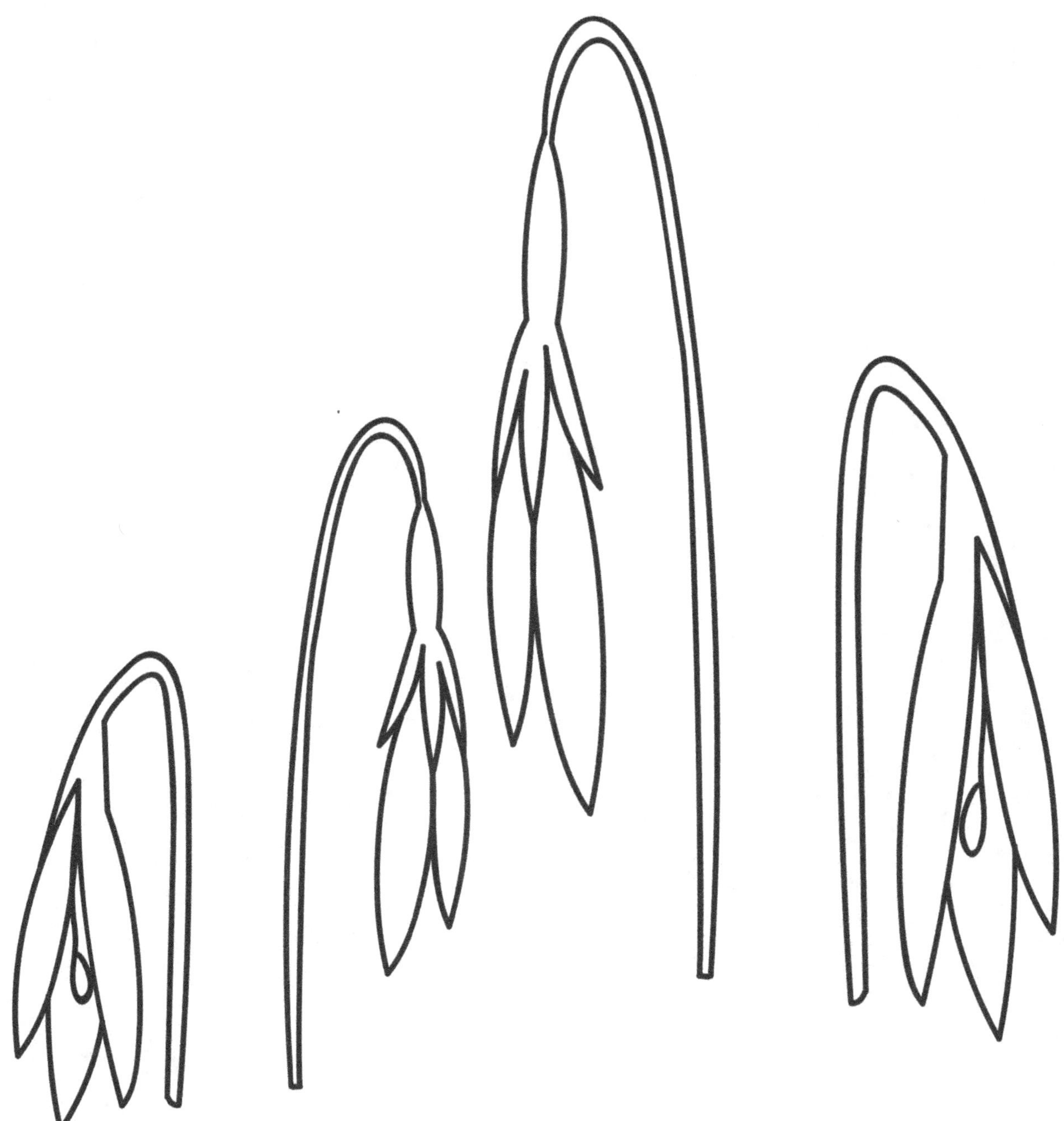

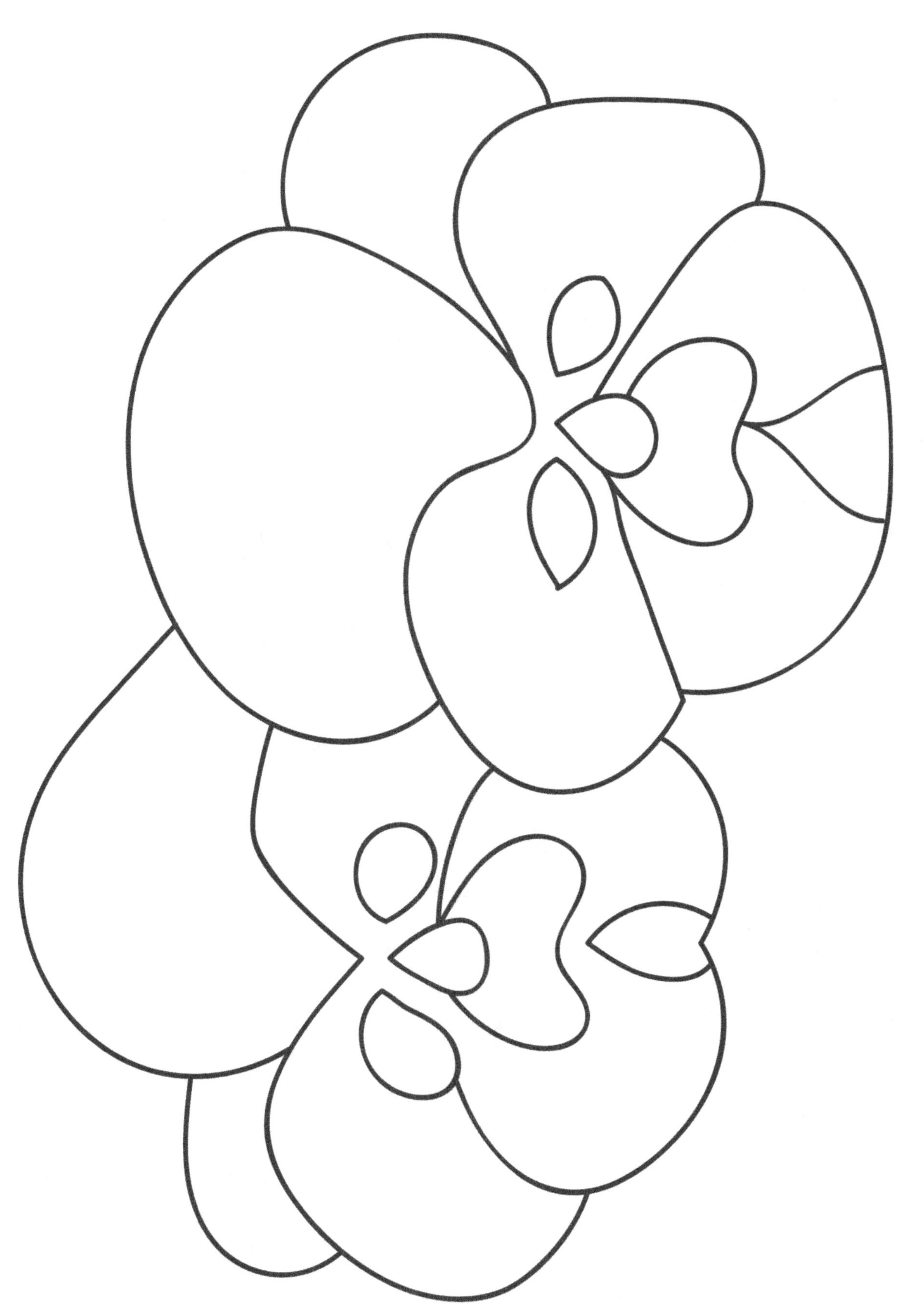

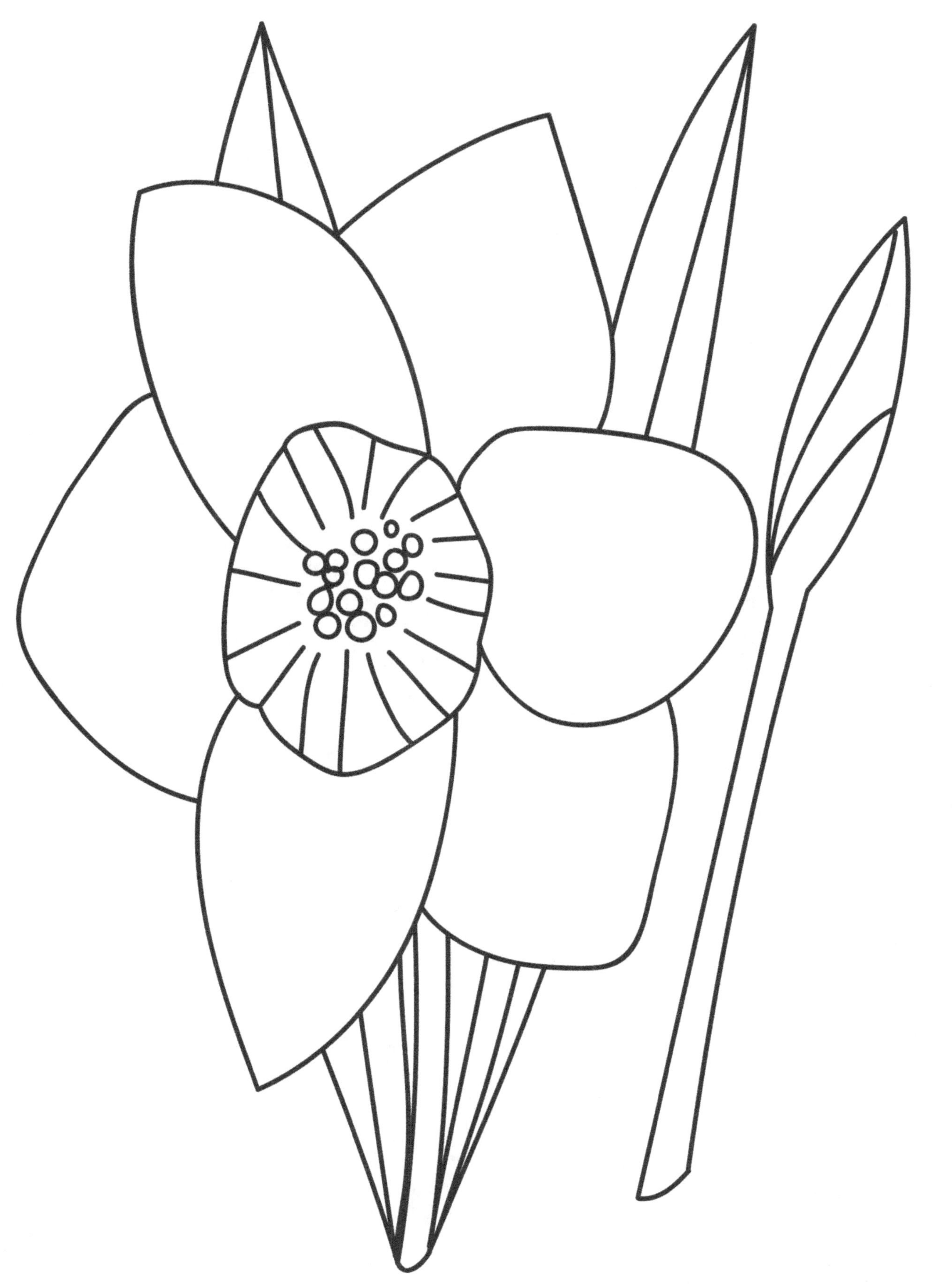

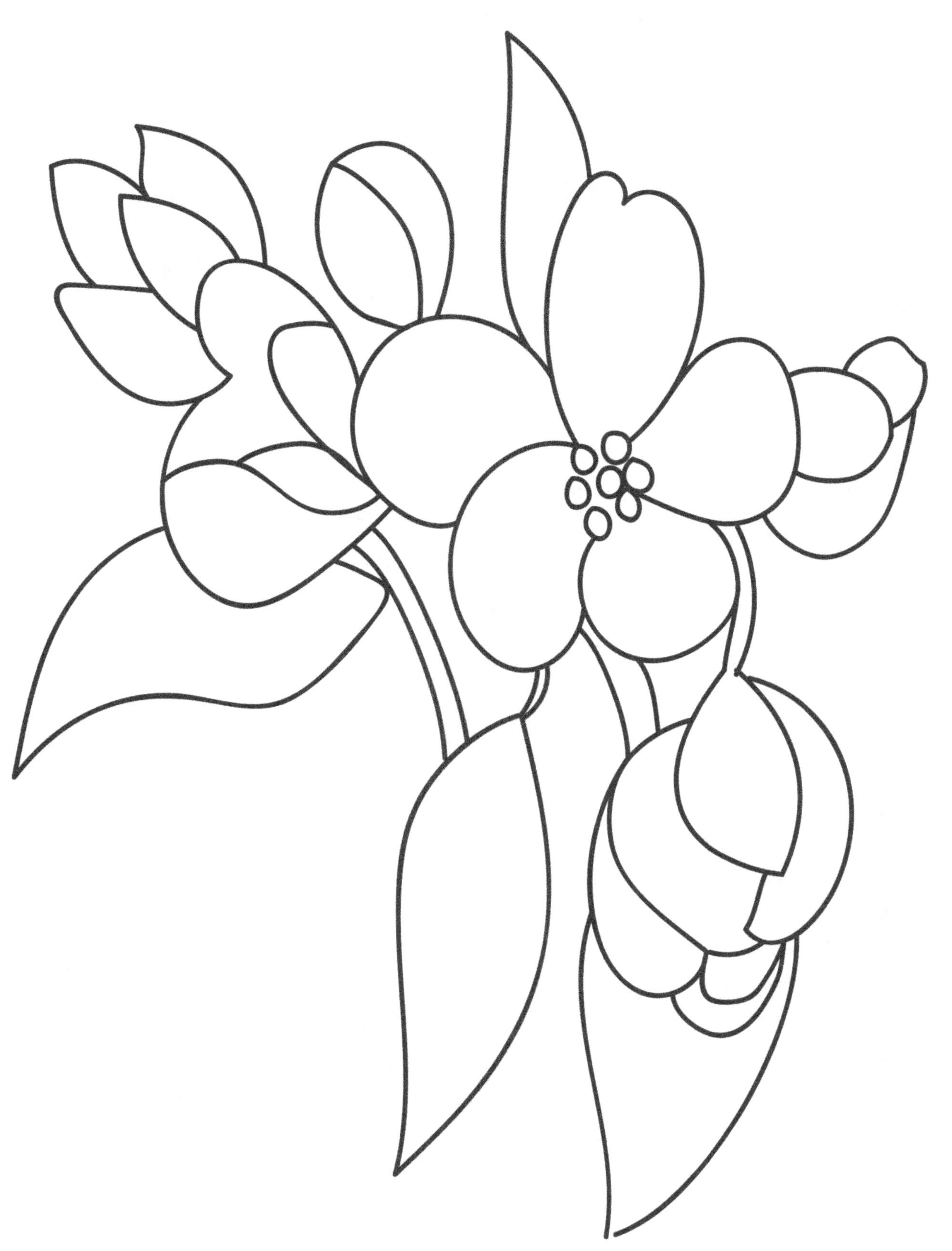

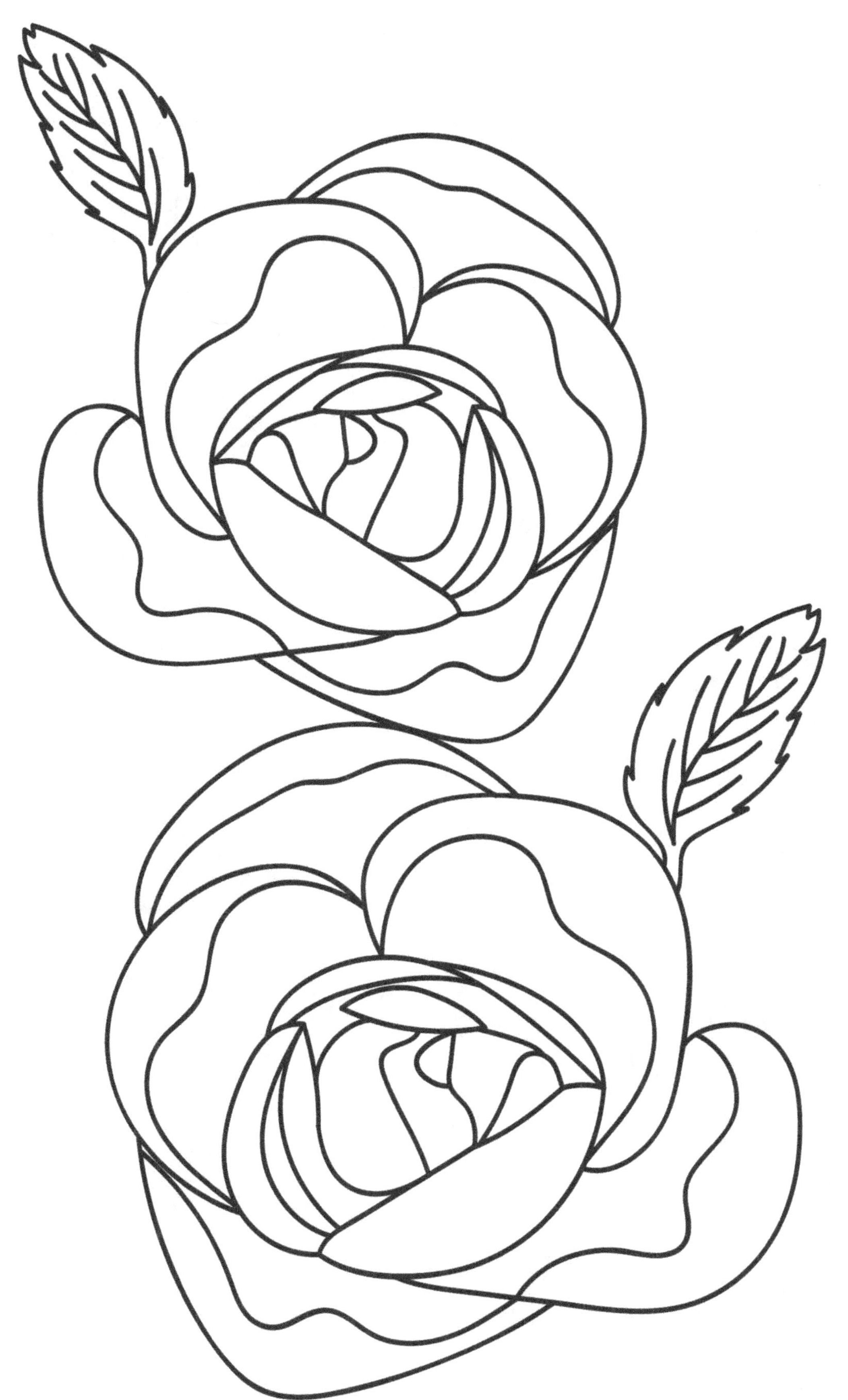

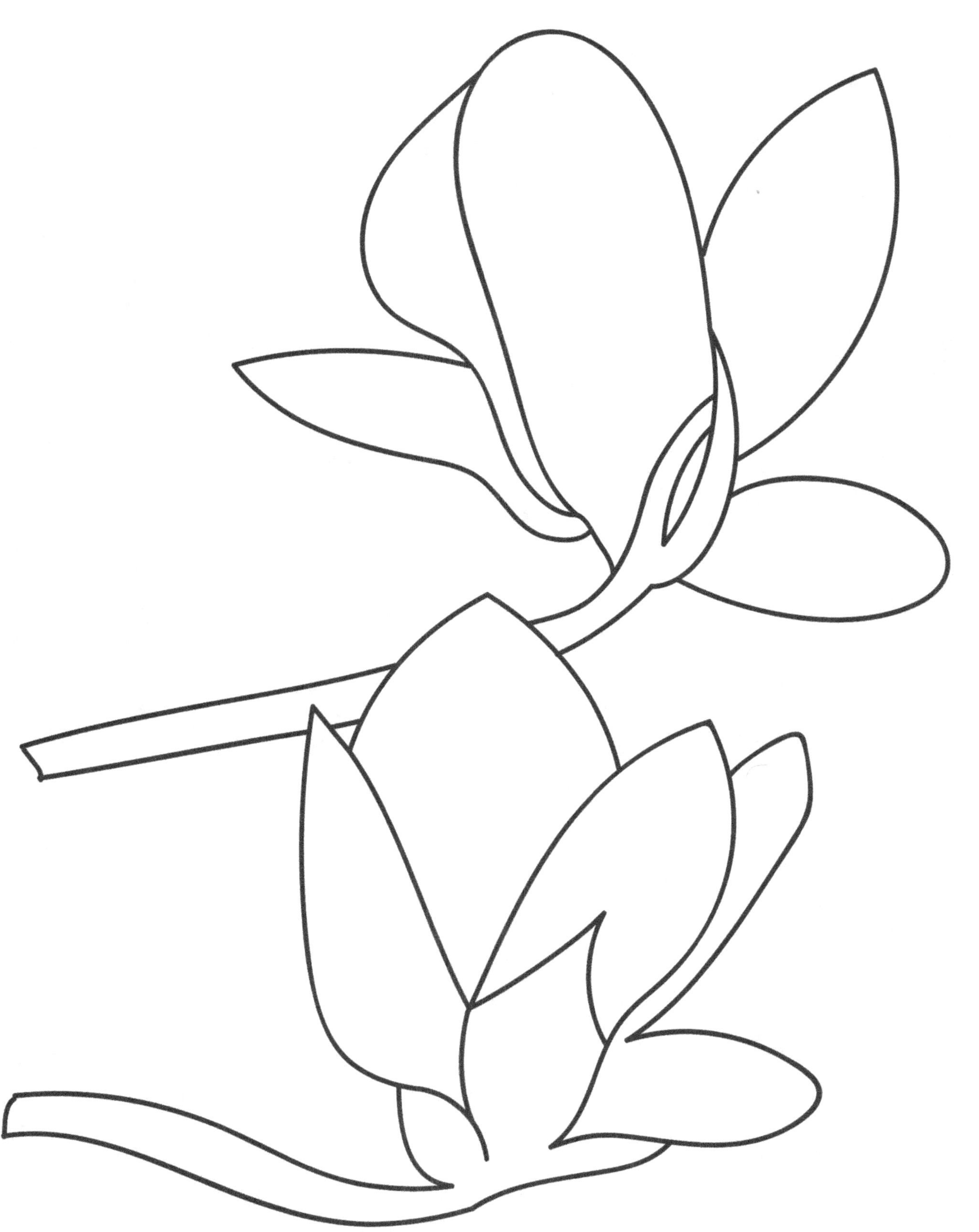

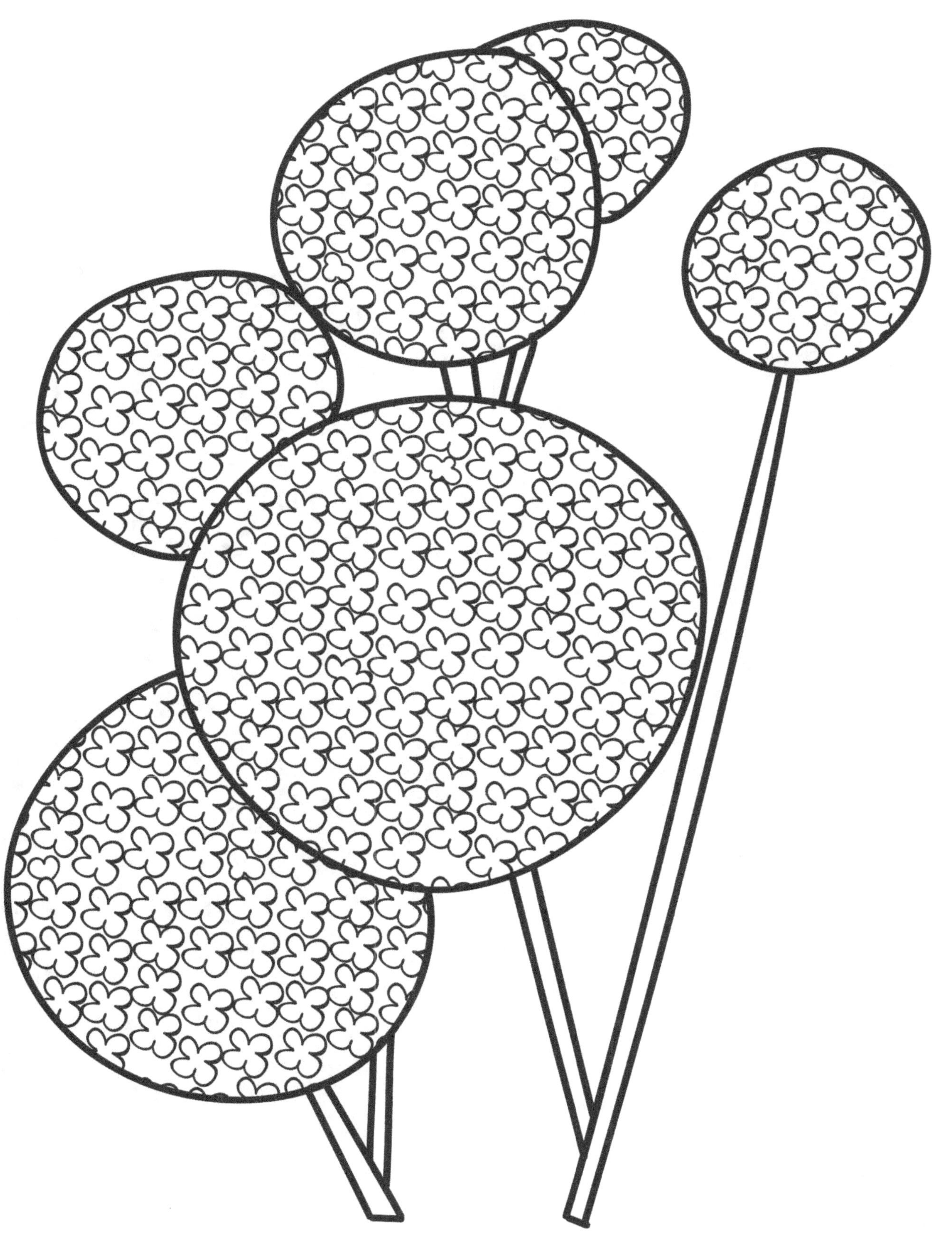

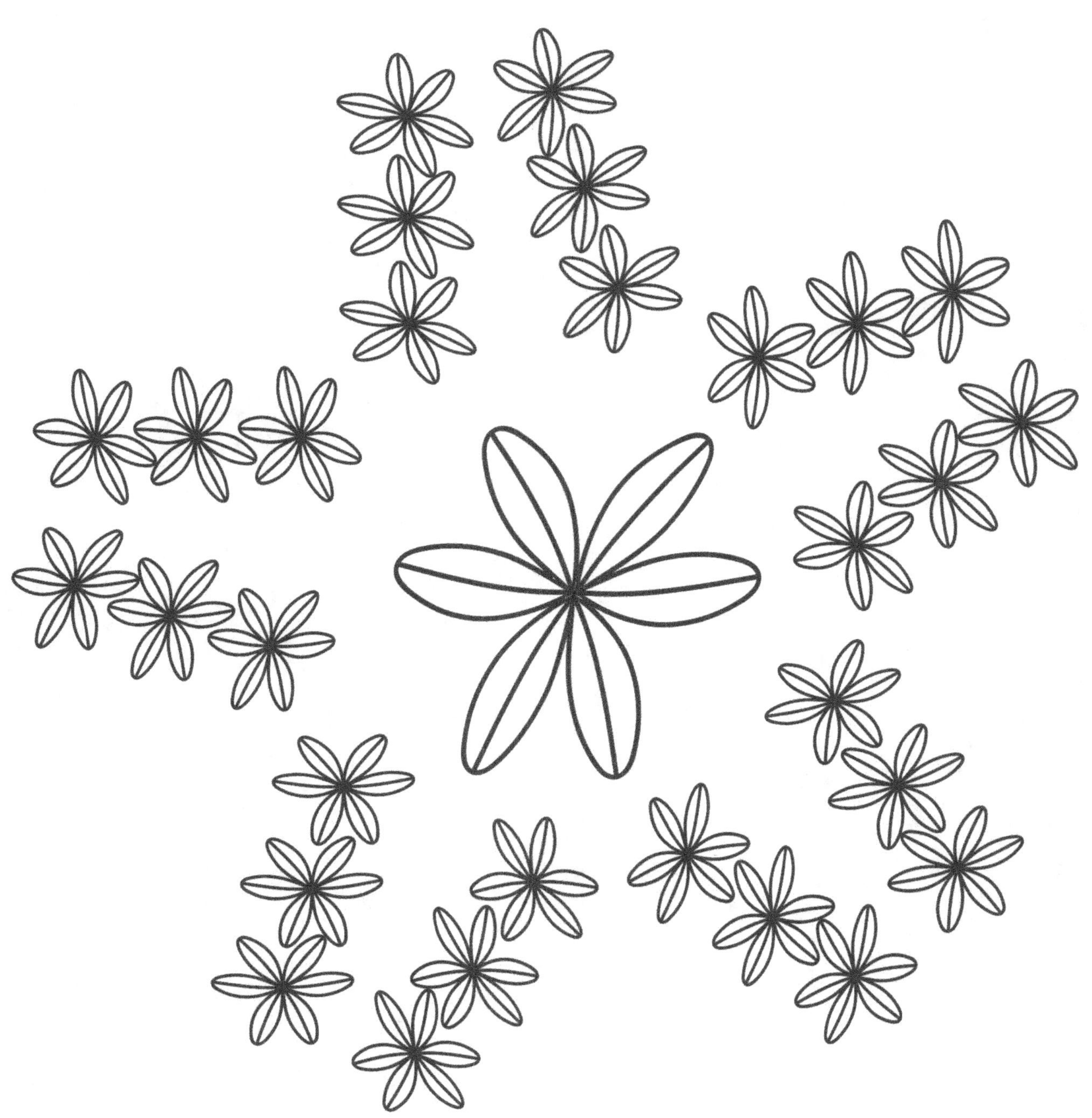

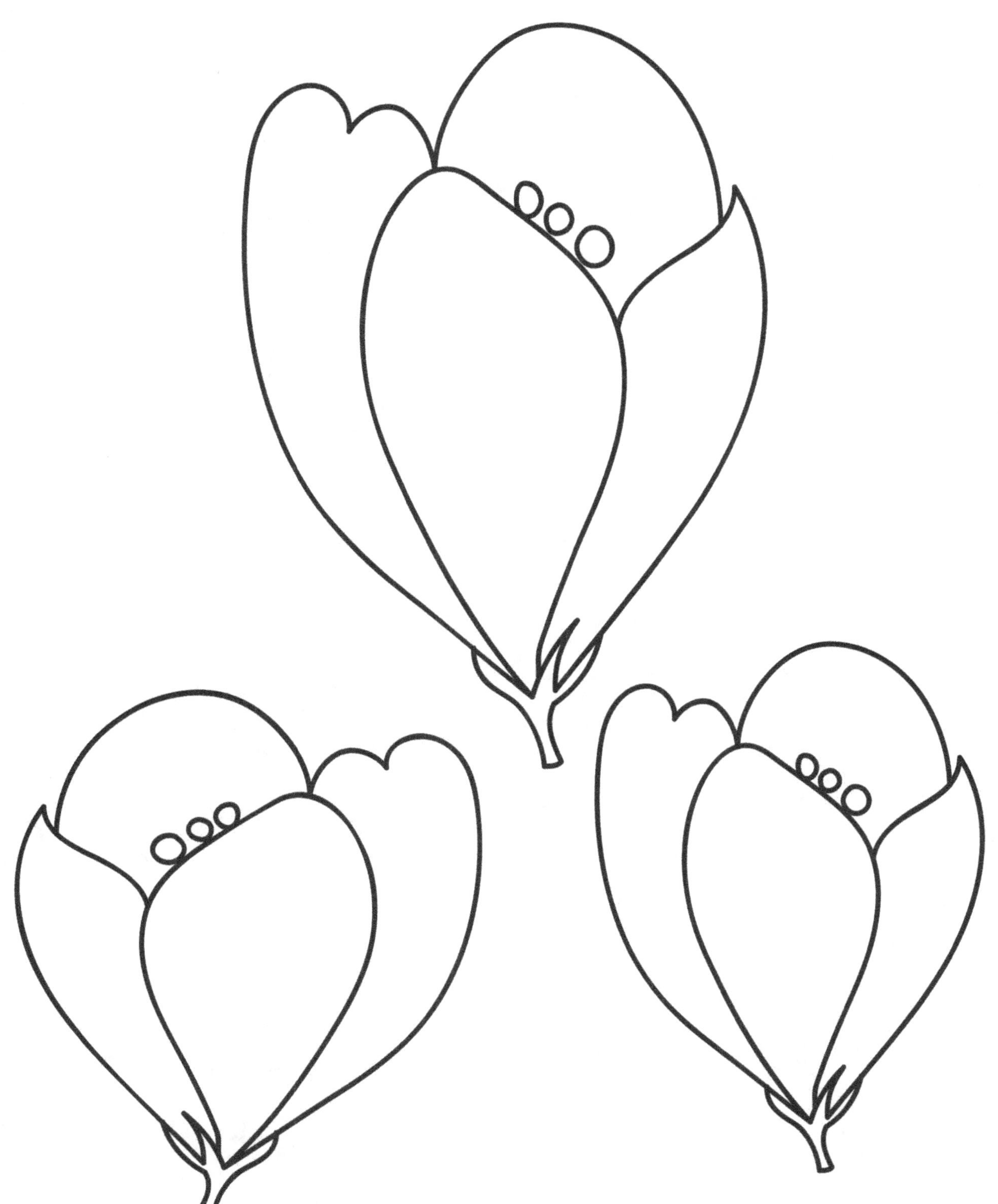

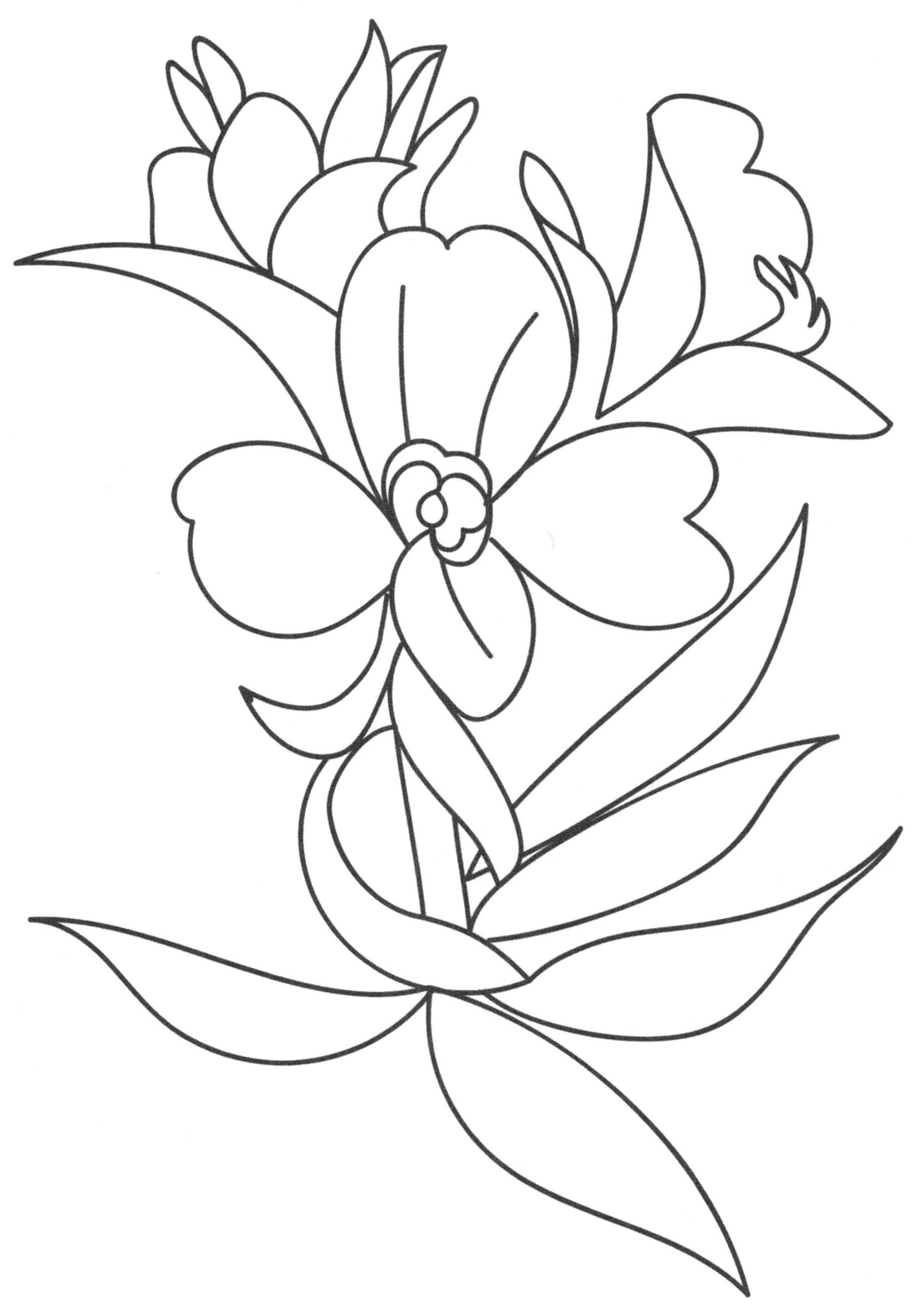

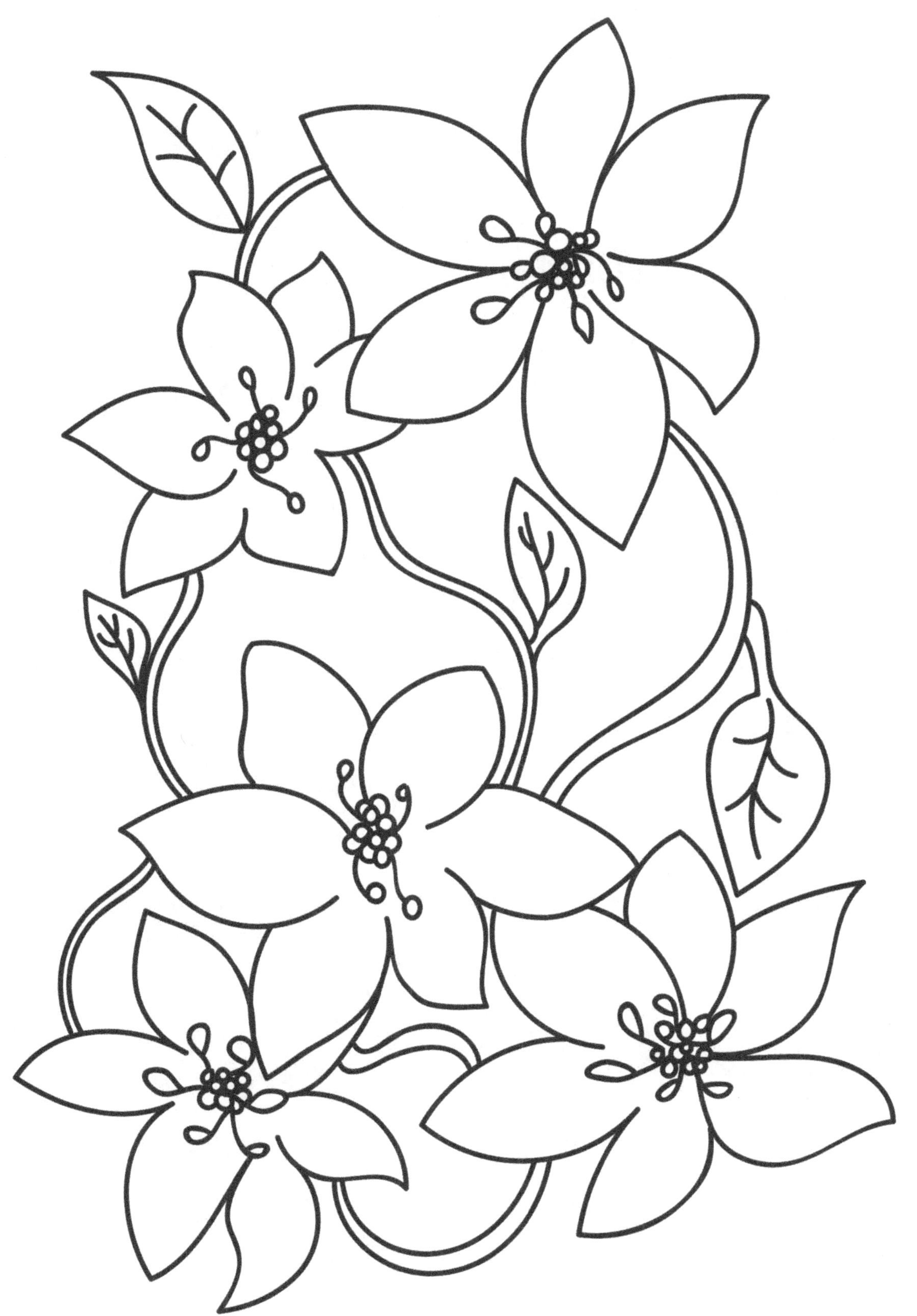

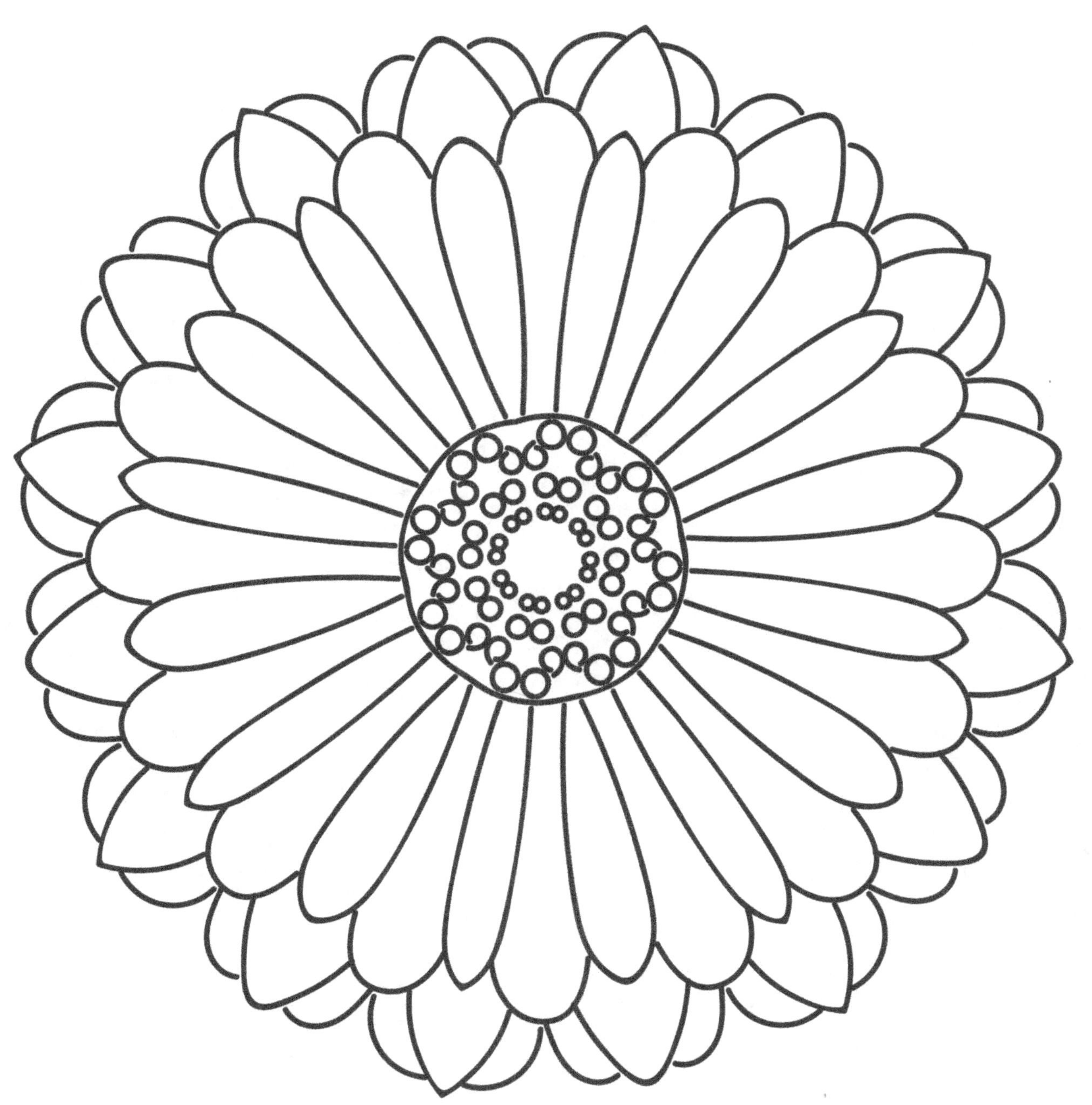

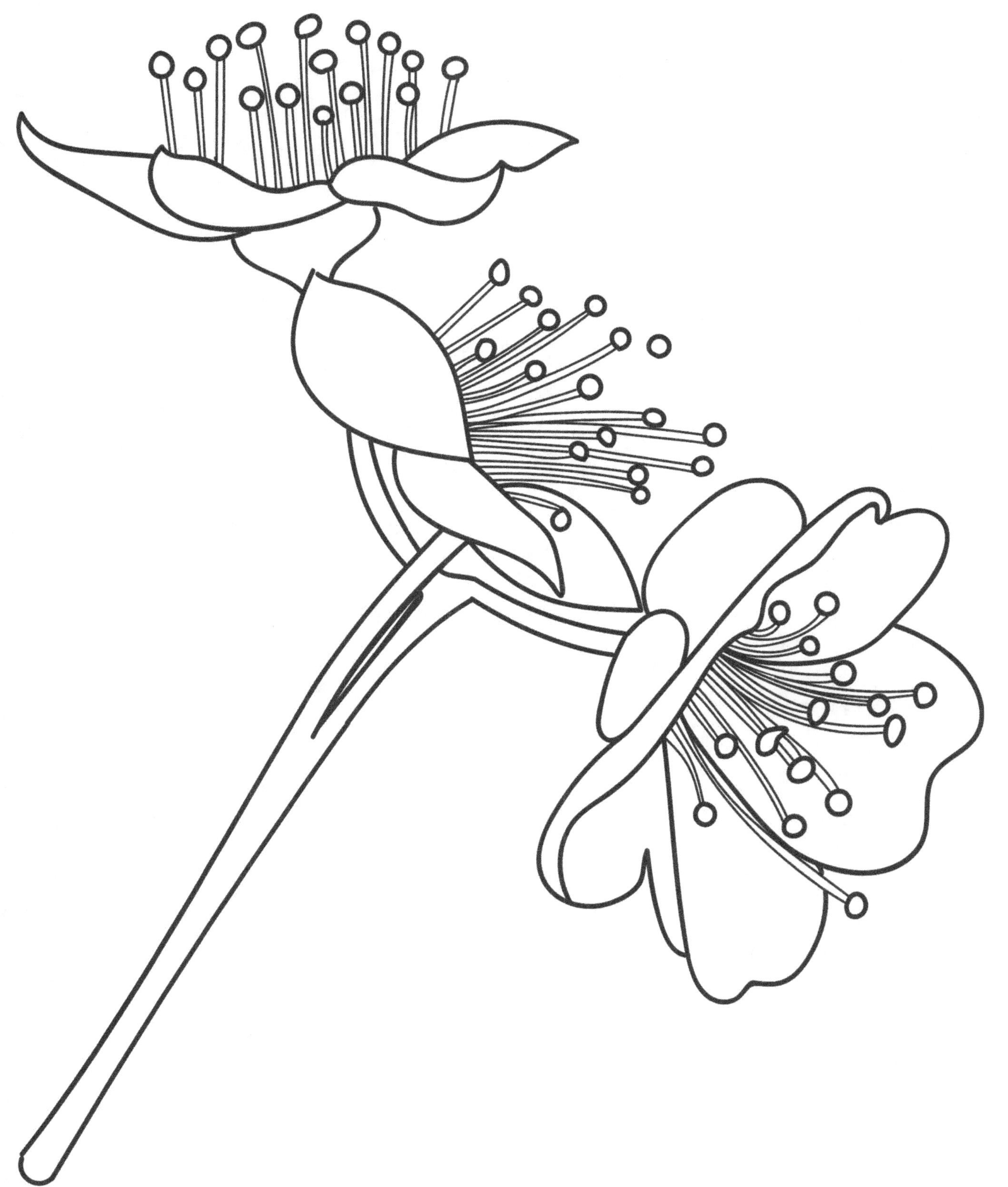

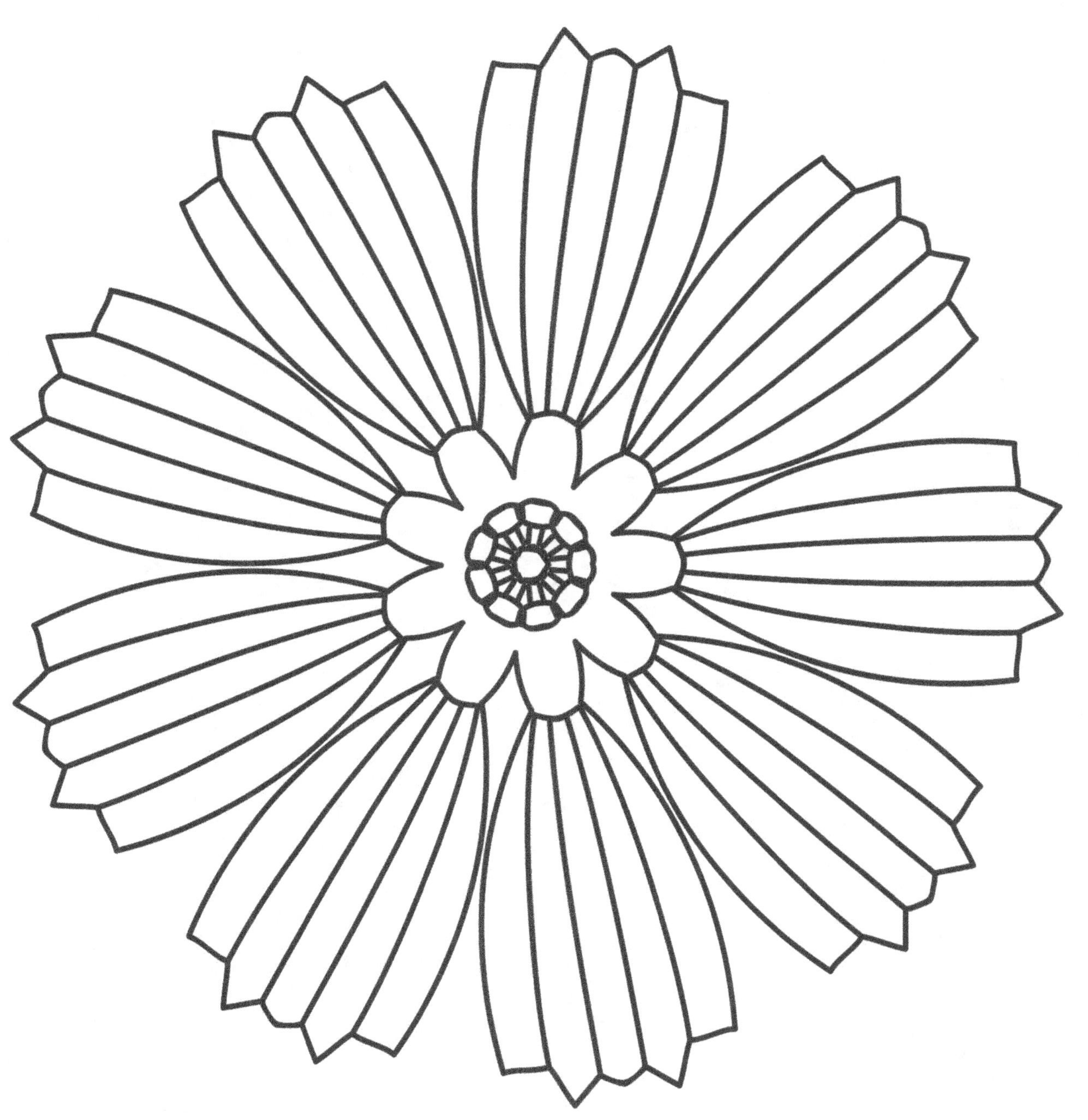

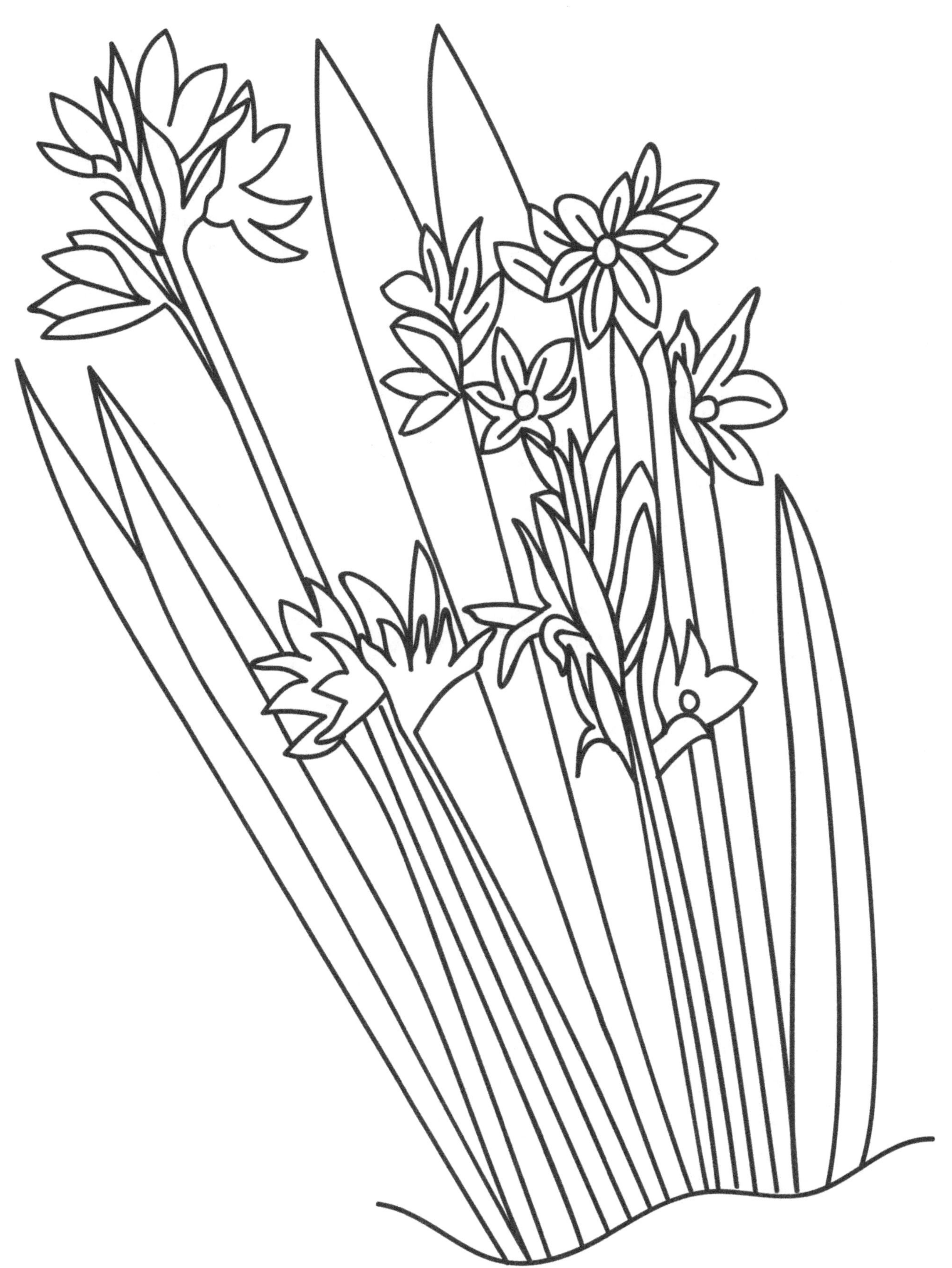

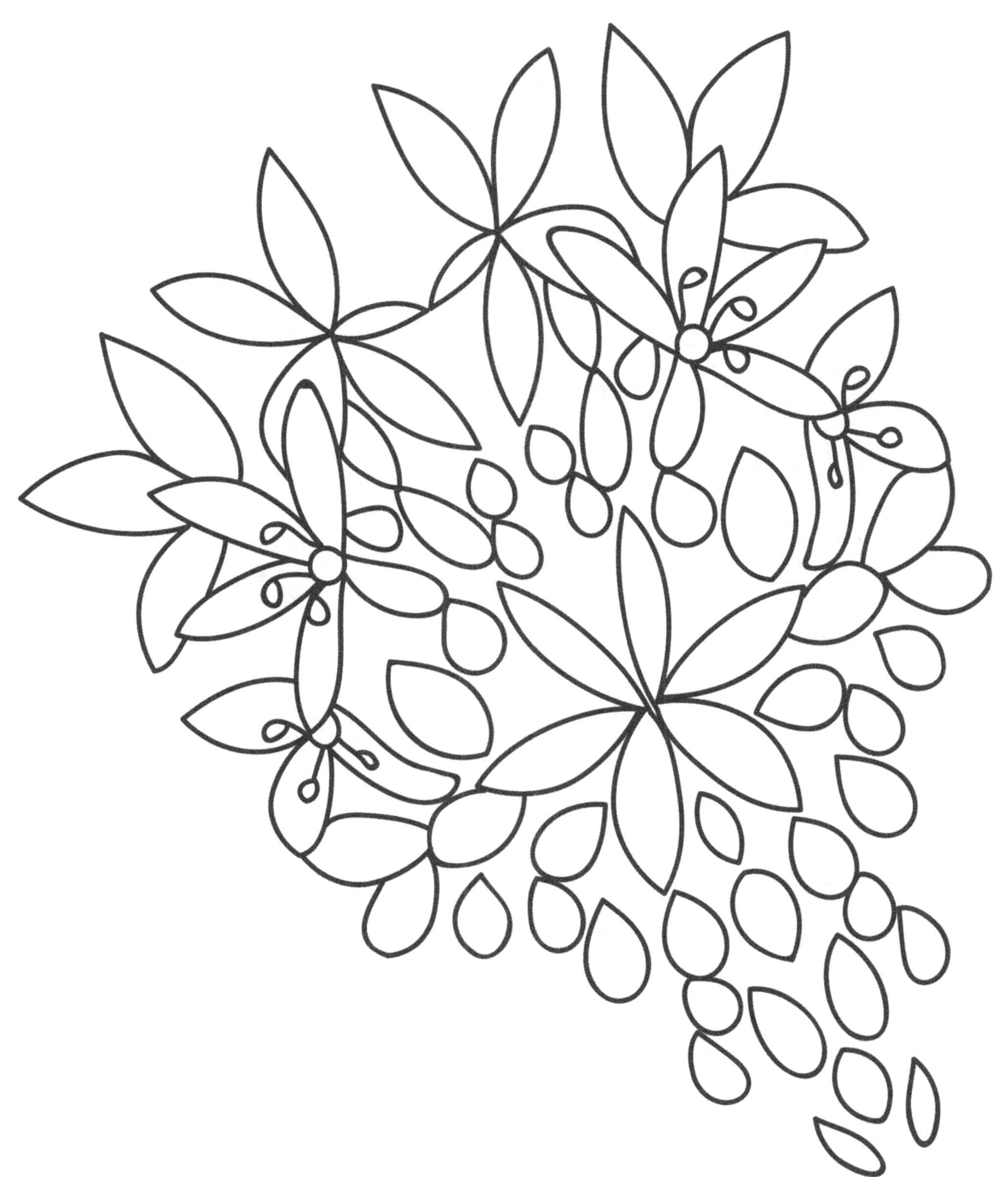

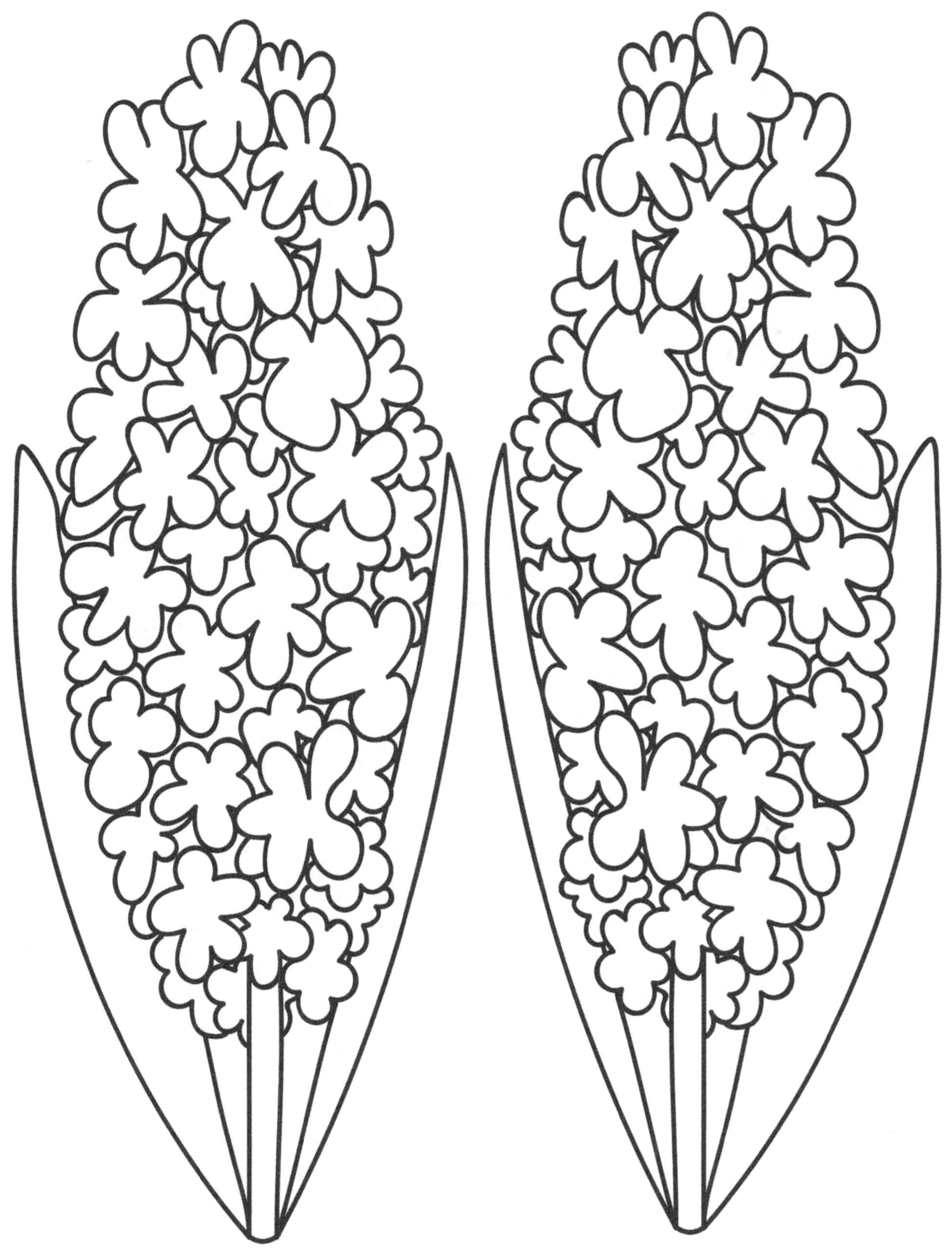

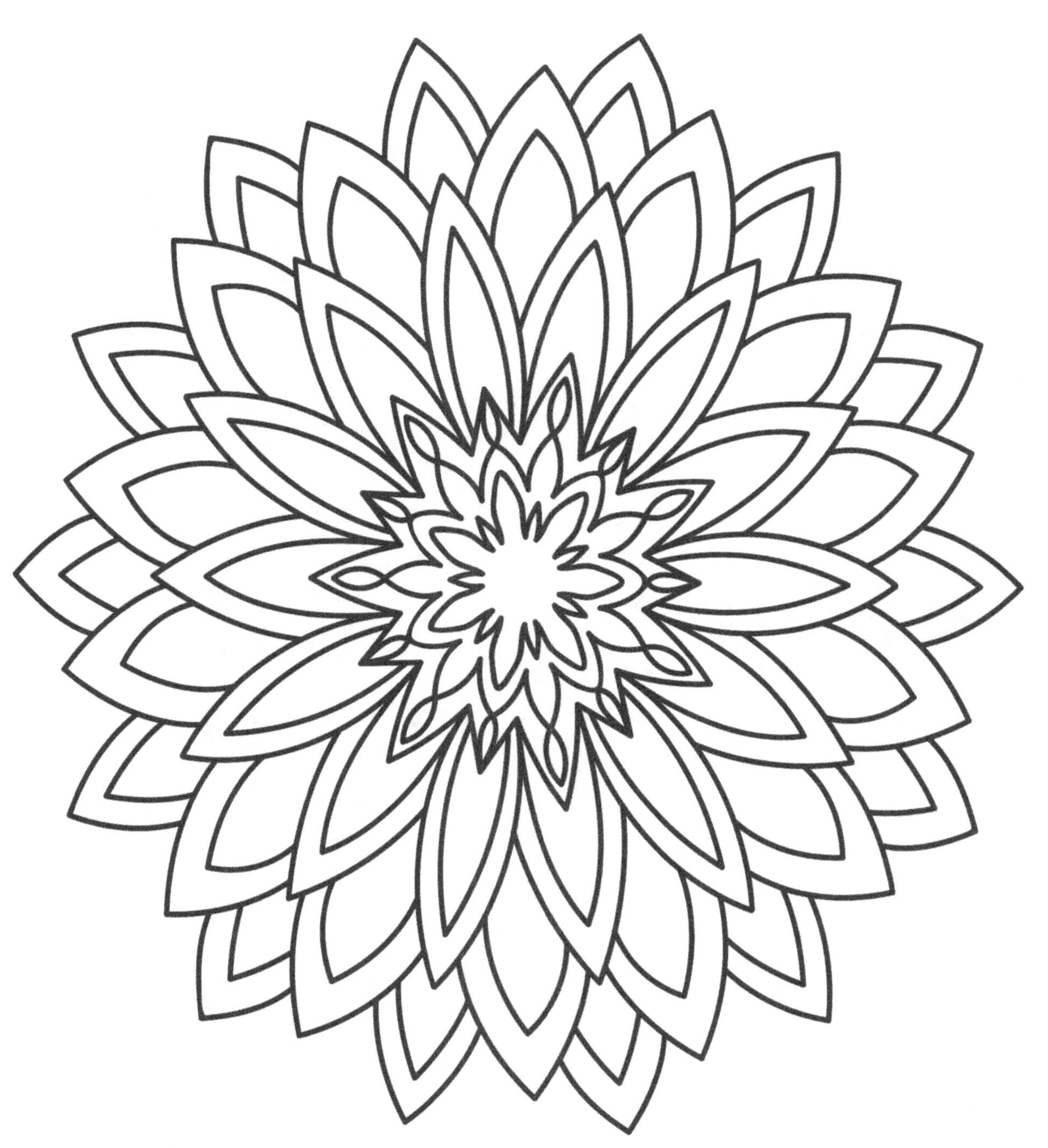

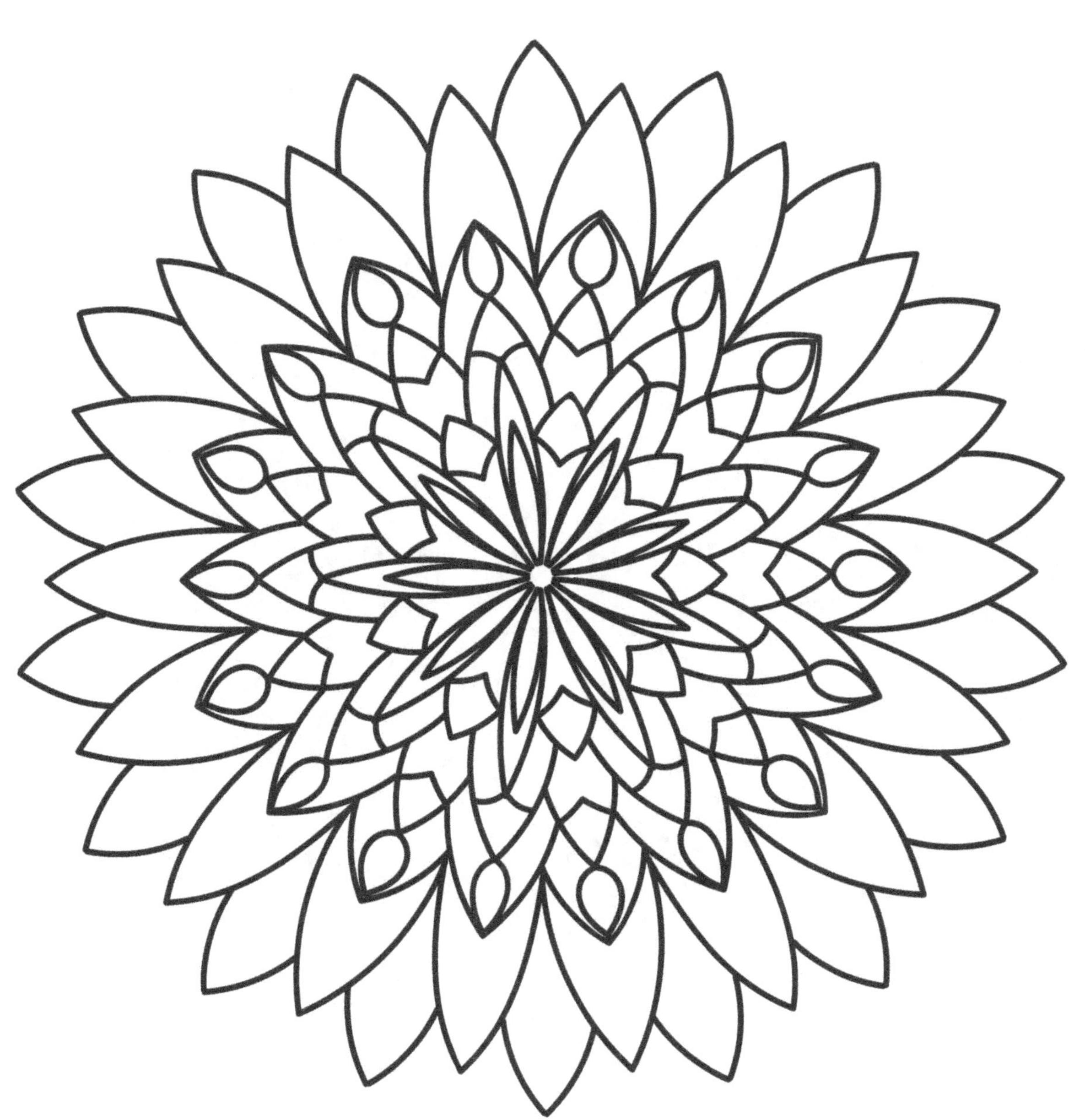

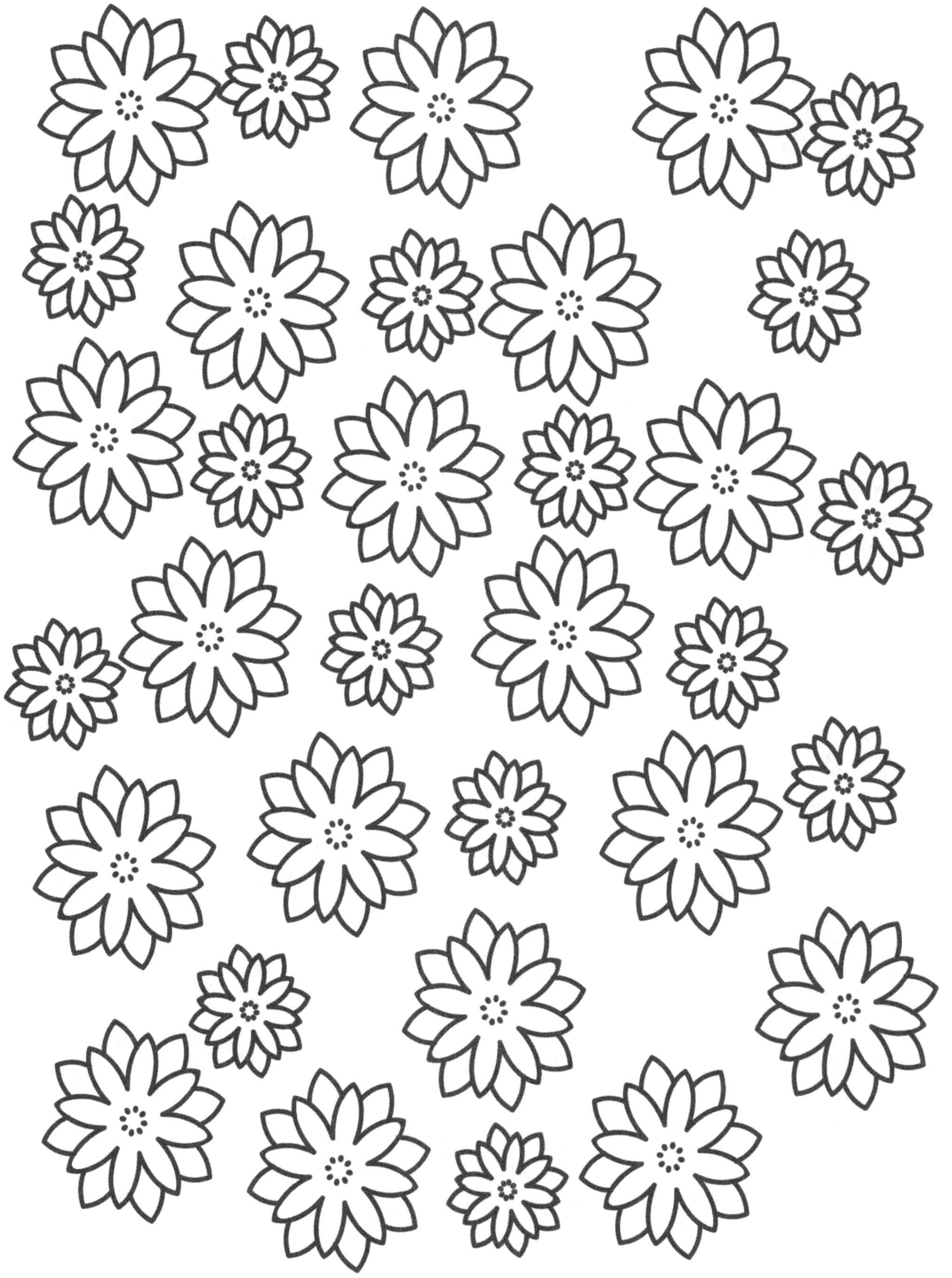

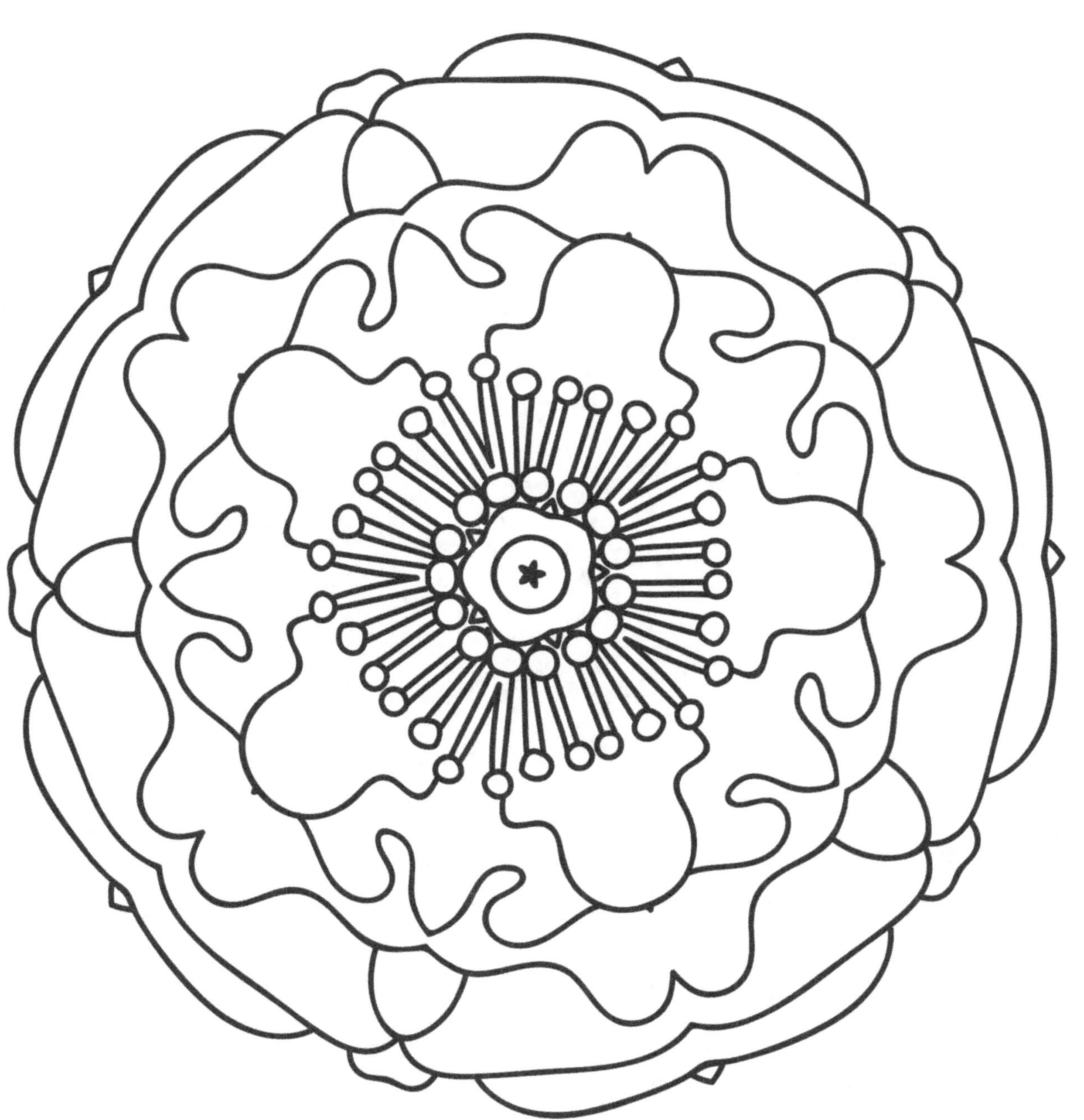

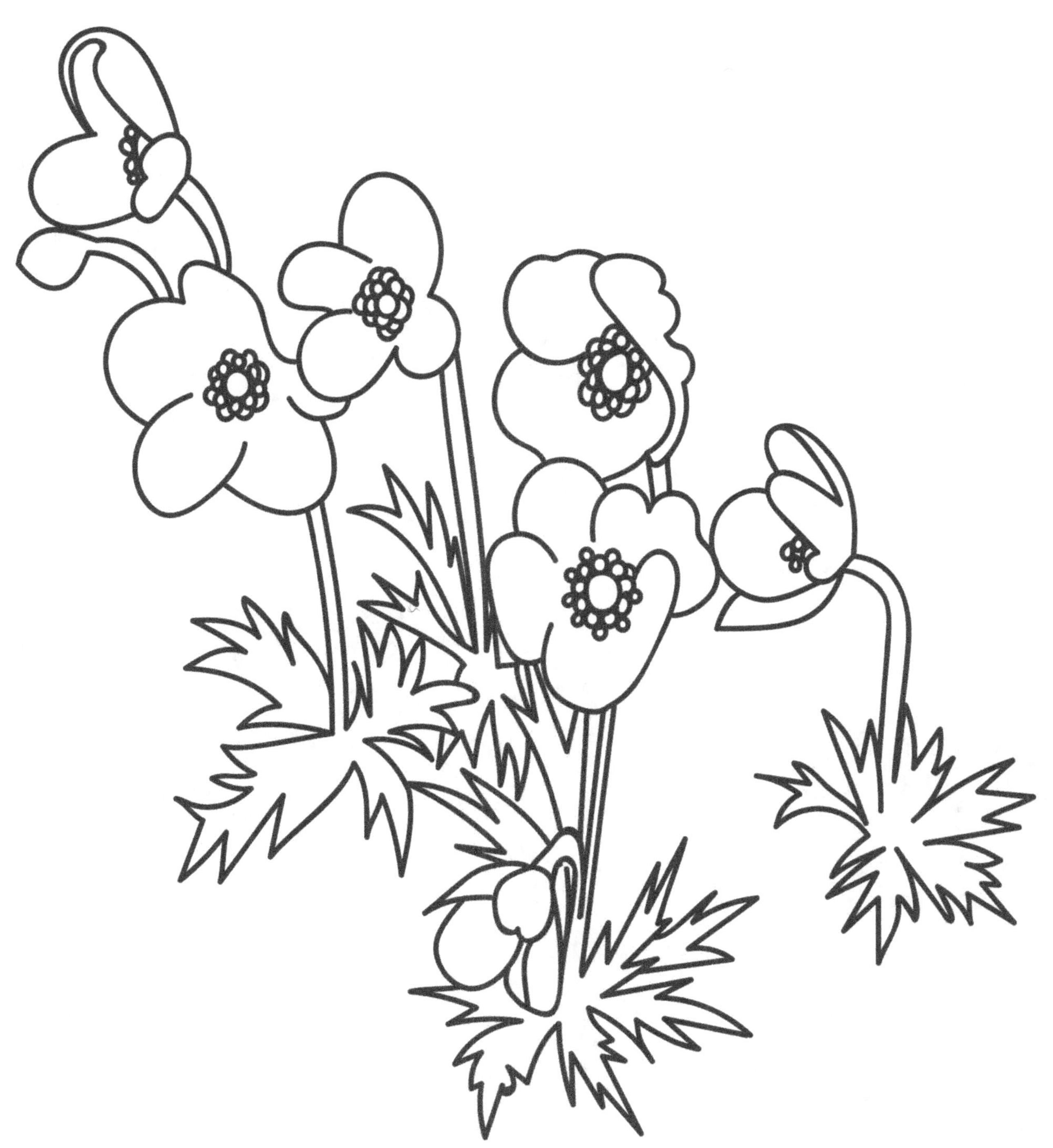

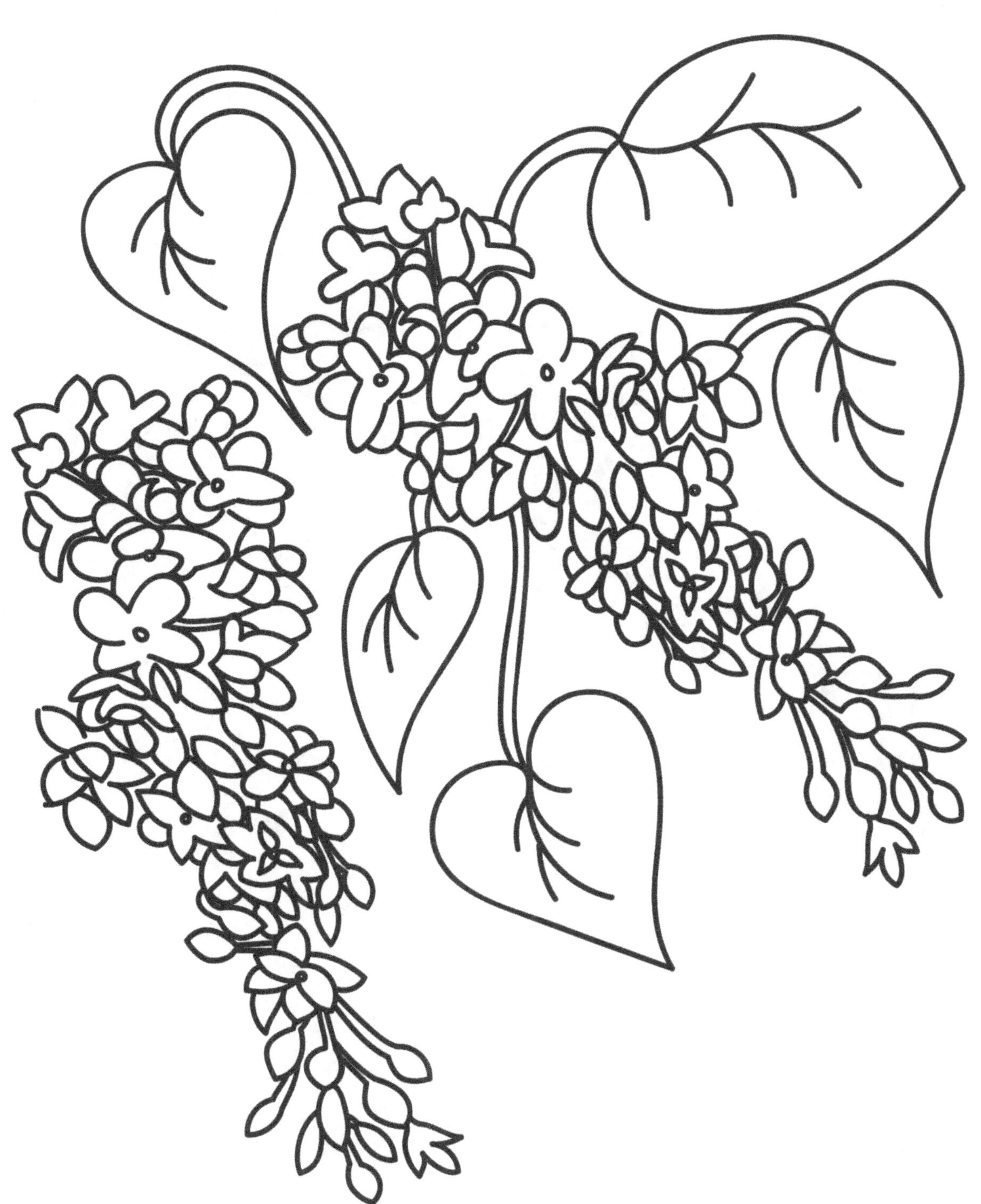

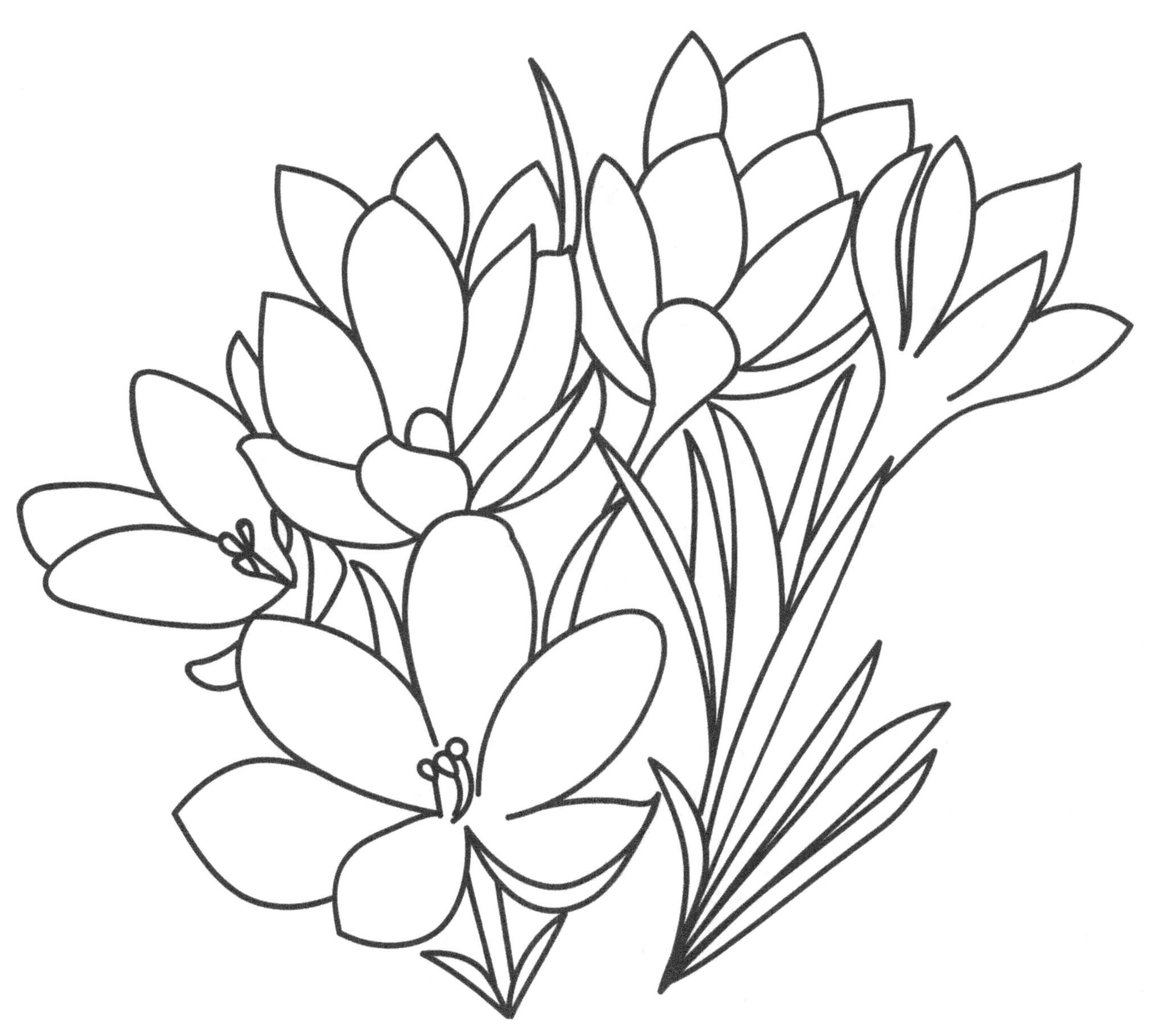

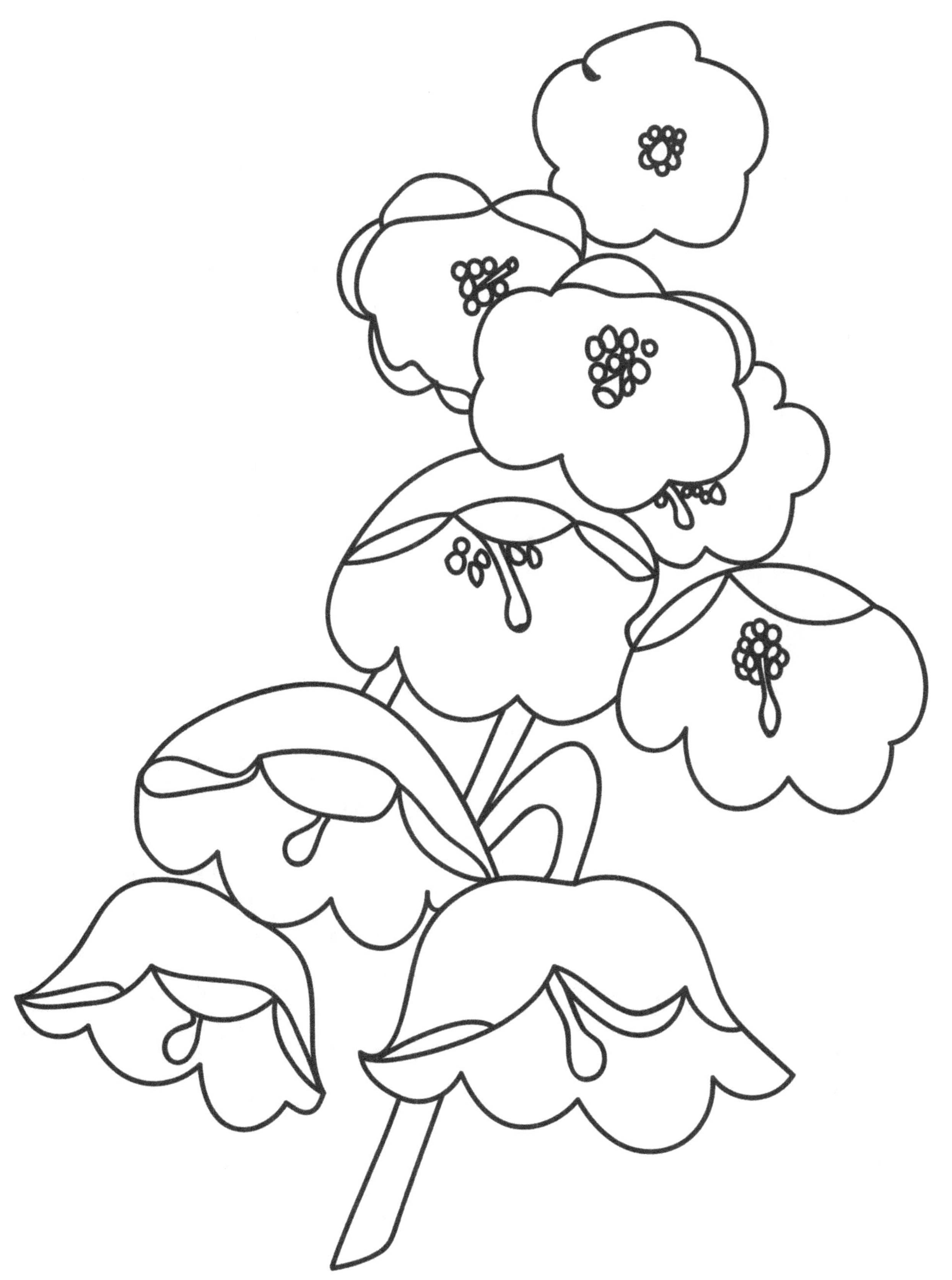

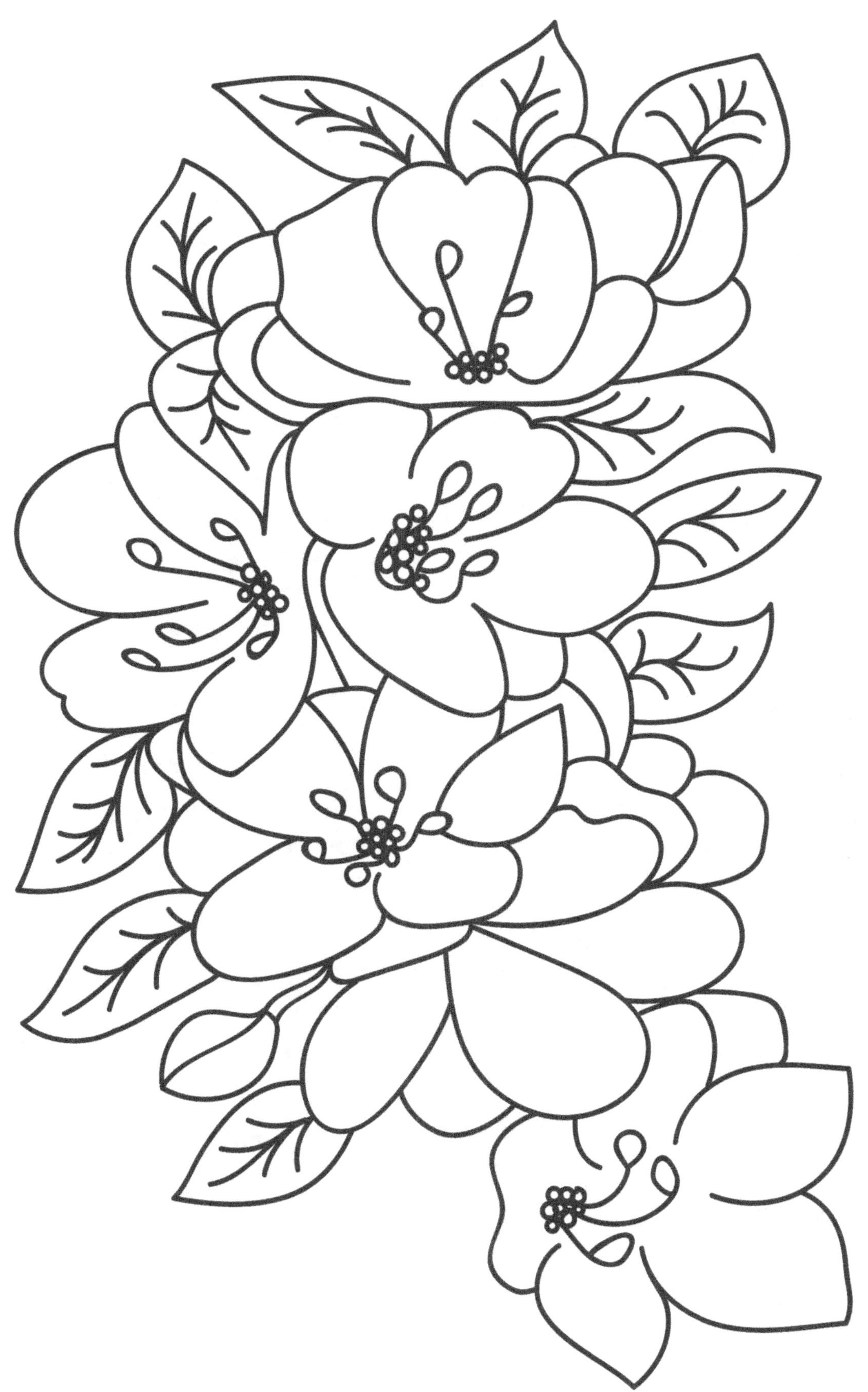

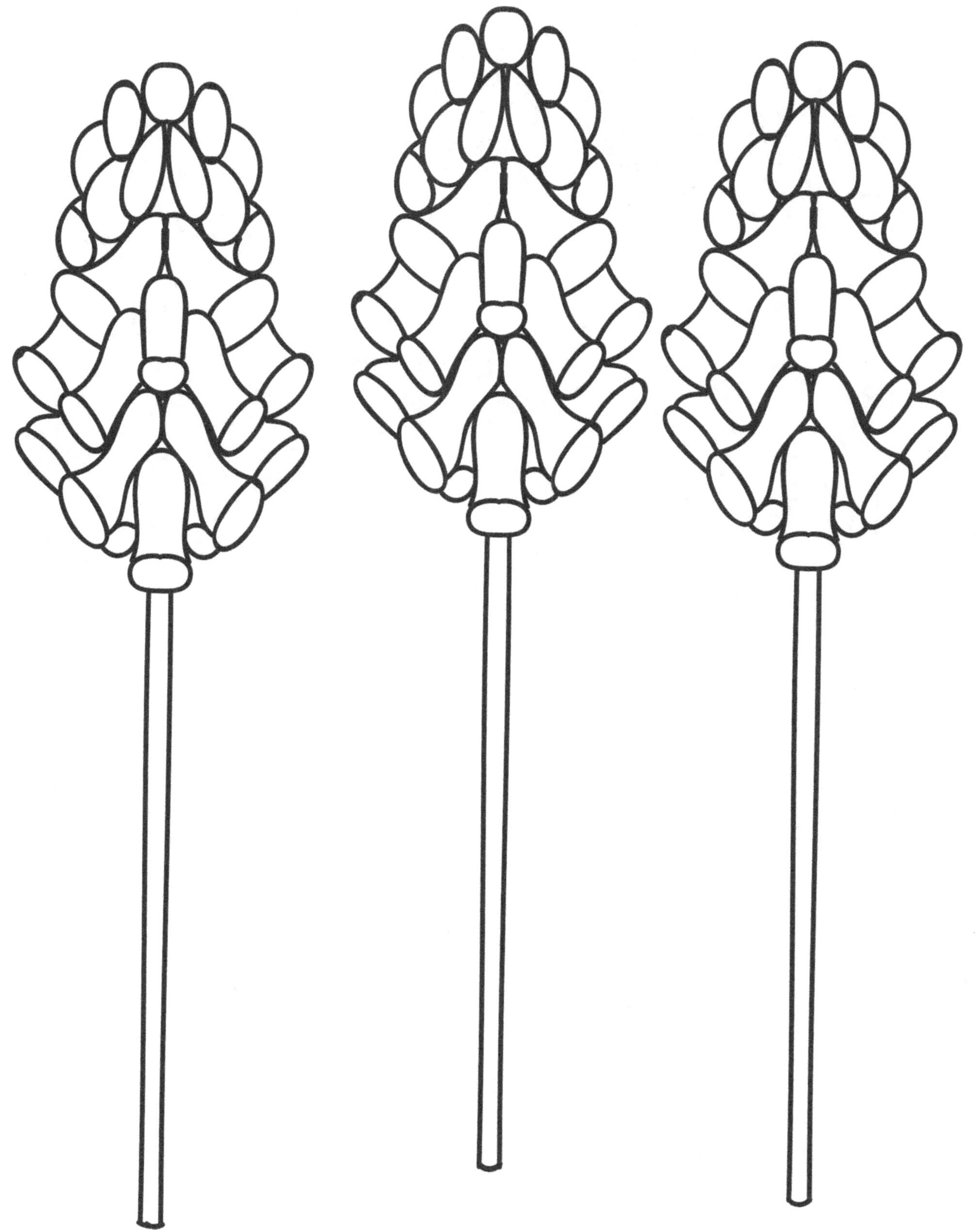

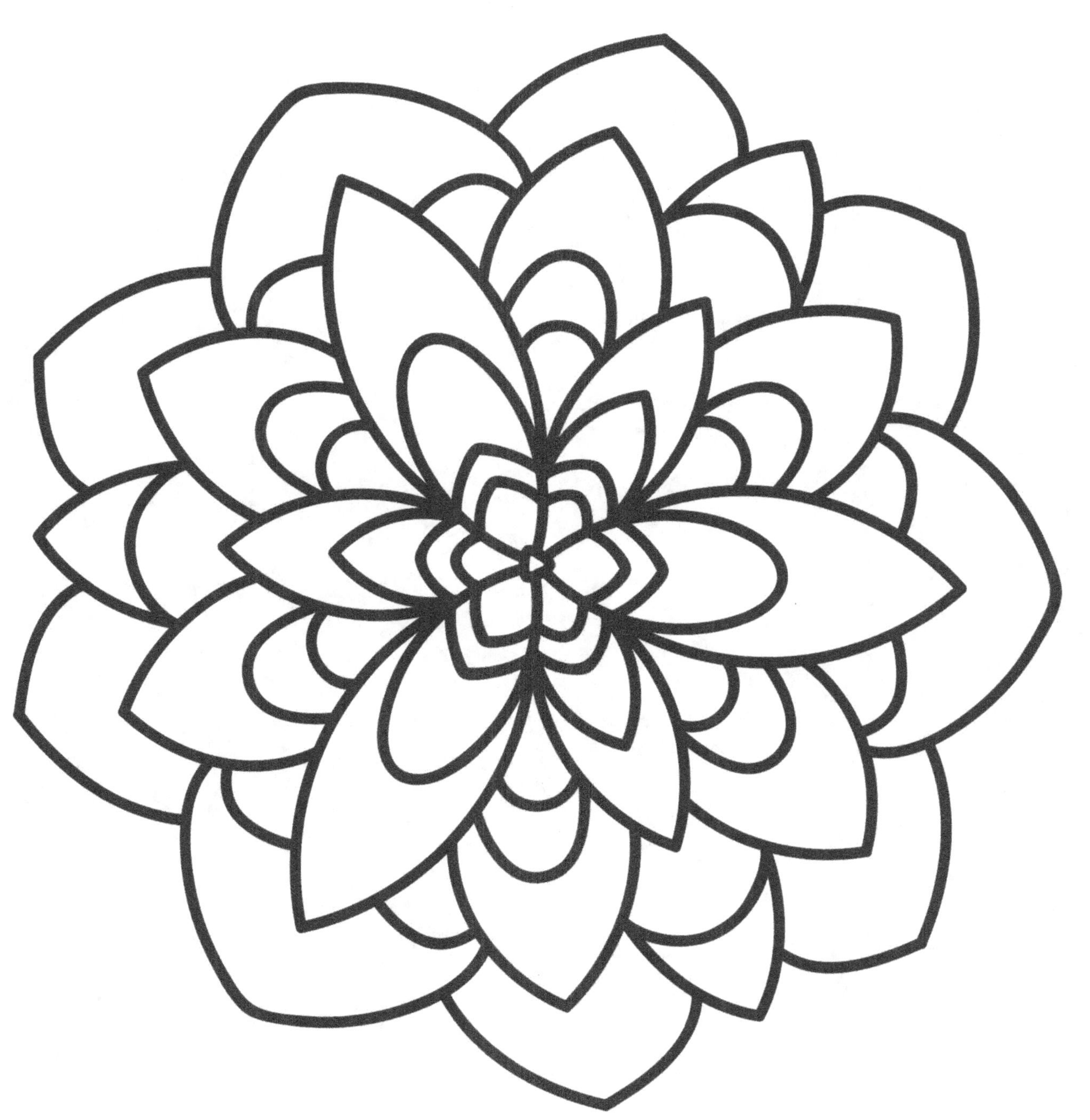

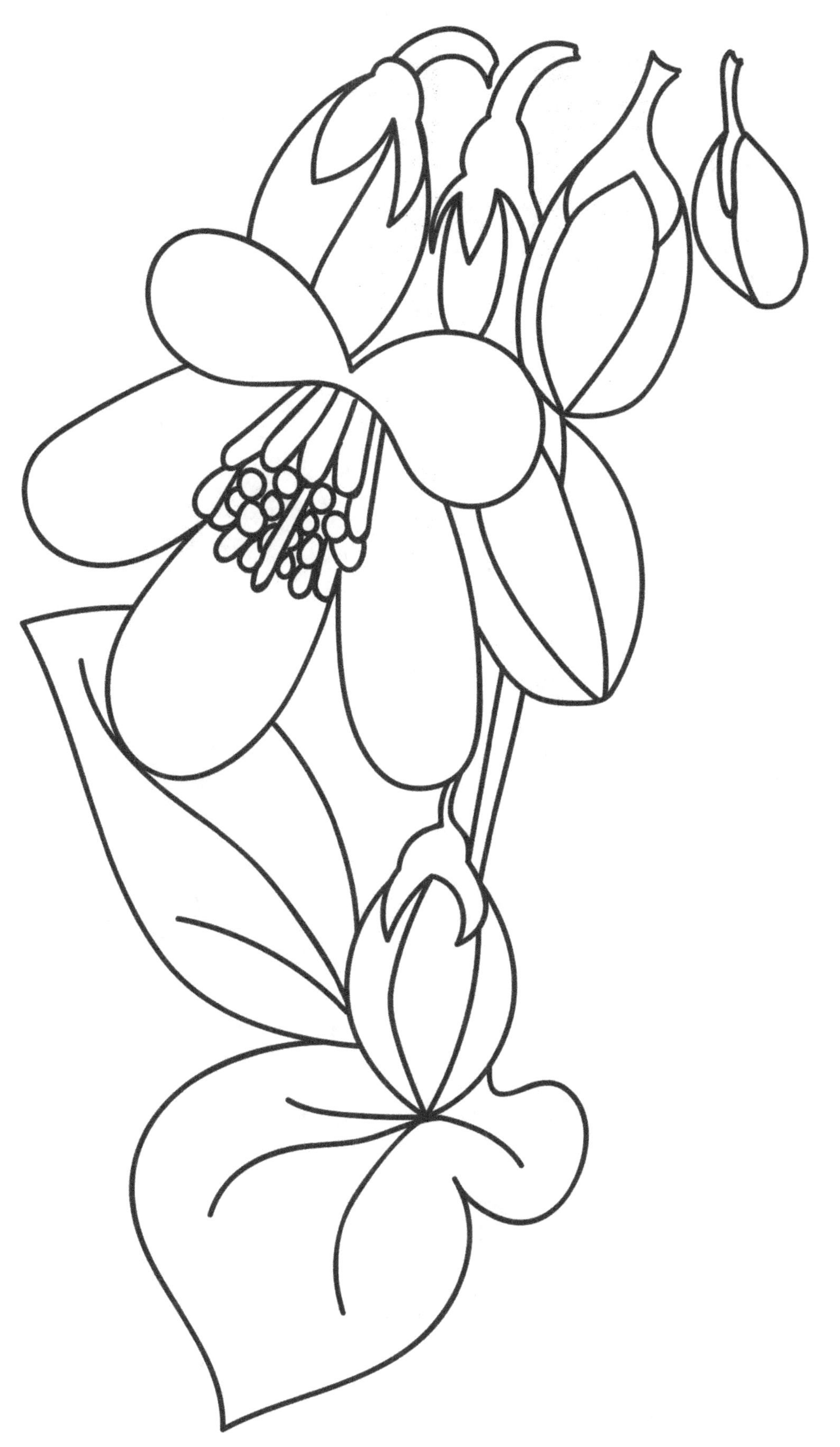

COLOR TEST PAGE

COLOR TEST PAGE